Ⓢ新潮新書

神舘和典
KODATE Kazunori

不道徳ロック講座

1004

新潮社

はじめに

ミュージシャン、俳優、タレント、スポーツ選手など人に見られる仕事に就く人たちがスキャンダルで受けるダメージが大きくなっている。日本では違法薬物に手を染めたために、過去の作品の販売が見合わされることも起きた。不倫が理由で活動自粛や謝罪に追い込まれたケースも多い。

もちろん海外でもこの種のことはあるけれど、日本は顕著だ。ごく個人的な問題でも自粛や謝罪につながりやすい。

こうした日本の状況しか知らずに海外アーティストのバイオグラフィやインタビュー記事を読むと驚かされる。

その多くが赤裸々。「えっ、そんなこと活字で残しちゃっていいの？」と心配になるレベルのエピソードが語られている。

仲間の妻や恋人に次々と関係を迫る、バンドメンバー全員でファンをホテルの部屋に連れ込む、薬物やアルコールに溺れて治療施設に何度も入所する、空き地で麻薬を栽培する……。もしもそれが現在の日本人アーティストのことならば、活動の場から「一発退場」を宣告されかねないレベルだ。

それでも、欧米のロック・スターたちはセックス、ドラッグ、アルコールへの依存の話も正直に告白している。初体験、性病になったこと、万引きした体験、ゴミ箱をあさった体験まである。同じ人間とは思えないほど旺盛な性欲も嫉妬心も隠さない。筆者は音楽ライターとして、約300人の日本人アーティストをインタビューし、アーティストたちの書籍の構成にも携わってきた。しかし、私的な話を明かしたものは皆無である。書かない。インタビューの過程ではそれなりに危ない話を打ち明ける人もいないわけではない。でも、活字にしてはいない。

国や地域によってアーティストという存在の位置付けが異なるのだろう。

どんな分野でも、成功したアーティストは突出した才能を持っている。しかし同時に、備わっている才能と同じかそれ以上に、社会的に欠けているところも見える。欠けているというよりも、その他大勢の人との〝違い〟といったほうが正しいかもしれない。でも、その違いにこそ魅力がある――こんな考えが欧米ではある程度共有されているのではないか。

確かに彼らはおかしな人たちかもしれない。家族や友人や隣人にいてほしくないケースは多い。しかし、だからこそ、私たちは名曲を楽しめる。ビートルズやローリング・ストーンズやエリック・クラプトンの数々の名曲がこの世になかったら、何とつまらないことか。

本書では、突出した才能を持つ世界的なアーティストたちの突出したエピソードを辿った。その際、基本的には本人の述懐をベースとすることにしている。つまり自伝や本人公認の伝記、インタビューなどに依拠するということだ。雑誌のスキャンダル記事などには拠らないこととした。

それでも十分に突出した、刺激的な話の連続であることはお約束する。それぞれのエピソードの基になっている引用の出典は明記しているので、さらに知りたい方はぜひそちらをご一読いただきたい。ここに紹介したのとはまた別の深い話やシリアスな音楽論などが味わえるはずだ。

なお、引用部分は出典の書籍と同じ表記になっている。名前や店名の表記、数字など、本文と若干異なるケースがあることをご容赦いただきたい。
また、曲名は邦題と原題とが大きく異なるものだけ原題を添えた。

不道徳ロック講座●目次

I

性

ロック界の性豪ミック・ジャガー

ロック・スターは恋愛に奔放だ。目の前に魅力的な女性が現れたら遠慮などしない。拒否されようが、ライバルと争うことになろうが突き進む。ぐずぐずとためらうタイプもいるけれど、結局はいく。

アニタ・パレンバーグ（女優。キース・リチャーズの元内縁妻）、アンジェリーナ・ジョリー（女優）、エリック・クラプトン（ギタリスト）、カーラ・ブルーニ（モデル、シンガー。エリック・クラプトンの元彼女）、カーリー・サイモン（シンガーソングライター）、ジェリー・ホール（モデル）、ジャニス・ディキンソン（モデル）、デヴィッド・ボウイ（ロックミュージシャン）、ニコール・クラック（モデル）、パット・アンドリュース（ブライアン・ジョーンズの元妻）、ビアンカ・ペレス・モラ・マシアス（ファッションミューズ。ミック・ジャガーの元妻）、ベット・ミドラー（シンガー）、ベベ・ビュエル（モデル。エアロスミスのヴォーカリストであるスティーヴン・タイラーの元恋人で女優のリヴ・タイラーの母親）、マーシャ・ハント（シンガー）、マリアンヌ・フェイスフル（女優、シンガー）、マリー・アンジェラ・バーネット（モデル。デヴィッド・ボウイの元妻）、ミック・テイラー（ギタリスト。ローリング・ストーンズの元メンバー）、メラニー・ハムリック（バレエダンサー）、リンダ・イーストマン（写真家。ミュージシャン、後にポール・マッカートニーと結婚）、リンダ・ロンシュタット（シンガー）、ルシアナ・モラド（モデル）……。

これらは、ローリング・ストーンズのヴォーカリスト、ミック・ジャガーとの関係が報じられた相手の一部（五十音順）。

そうそうたる顔ぶれだ。もちろん同時期に複数の女性と交際している。有り余るエネルギーをコンスタントに放出しないと、自分を維持できないのだろう。友人やバンドメンバーの妻や恋人もいる。しかも、女にもいくけれど、男にもいく。

関係した相手は、ここで紹介しているような著名人だけではない。ファンだろうが、自分の家で働く家政婦さんだろうが、視界に入る存在に次々と迫る。相手はミックからのアプローチに応じて身体を許す。双方同意のもとに行われる自由恋愛だ。スーパースターだからこそ。そんな詳細が彼の伝記『ミック・ジャガー　ワイルド・ライフ』（クリストファー・アンダーセン著／岩木貴子、小川公貴訳／ヤマハミュージックメディア刊）には書かれている。この書籍は自叙伝ではないものの、本人への取材はもちろん、友人や家族、元妻、愛人らの証言を盛り込んだ伝記である。暴露本ではなく、ほぼ本人

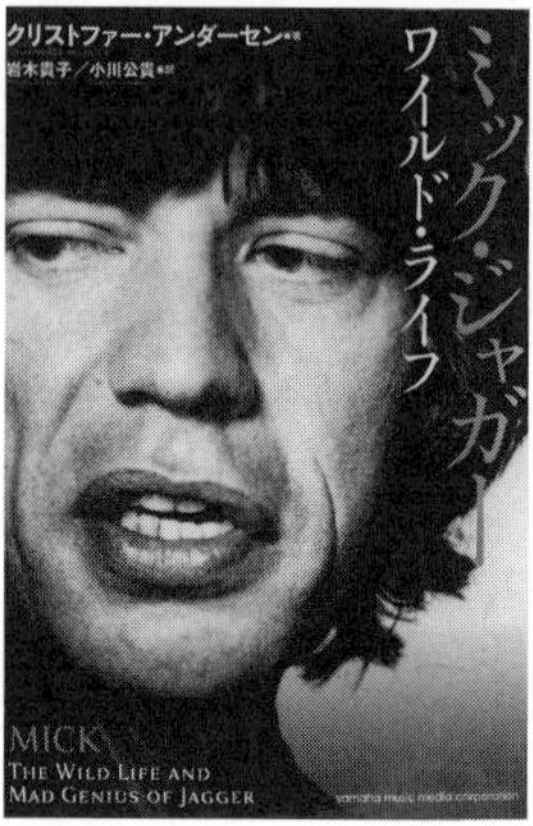

『ミック・ジャガー ワイルド・ライフ』

公認の伝記と言っていいだろう。私生活をここまでオープンにしているミック・ジャガーをリスペクトすらしてしまう。

どんな人にも恥ずかしい体験はある。ふつうは隠したい。有名であればなおさら人に知られたくない。それをあえてさらすことの潔さが、ミック関連の書籍やインタビュー記事から感じられる。

「4000人以上という、ミックの浮気相手に関する新たな事実」

「同性のロック界の大スターたちとの関係」

『ミック・ジャガー ワイルド・ライフ』（以下、『ワイルド・ライフ』）の帯に書かれているコピーだ。4000人という数にも、同性とも関係するという事実にも、アンダーセンの取材量にもびっくりさせられる。以下、同書をもとに見ていこう。

ミック・ジャガーは、1943年にイギリス、イングランドのケント州、ダートフォードで生まれた。キース・リチャーズ（ギター、ヴォーカル）、ブライアン・ジョーンズ（ギター）、ビル・ワイマン（ベース）、チャーリー・ワッツ（ドラムス）とともに結成したローリング・ストーンズのヴォーカリストとして1963年にレコードデビュー。以来60年にわたって世界のミュージックシーンのトップを走り続けている。

本章をミック・ジャガーのエピソードから始めるのには理由がある。たくさんの女性とセックスするので、ミックは多くの男性アーティストとライバル関係になる。恋愛歴には当然たくさんのアーティストが登場することになる。ビッグネームもごろごろいる。その結果、ロック界の下半身の相関図が見えてくる。

キース・リチャーズとの関係

ミックは仲間の妻や恋人にも触手を伸ばす。男同士の関係悪化のことは考えないのだろうか――などの心配は無用だ。とっくに吹っ切れている。

ミックはストーンズのギタリストで小学生時代からの相棒、キース・リチャーズと今も一緒に楽曲を作り、並んでステージに立っている。そのキースと事実婚状態で子どももうけているアニタ・パレンバーグとも関係していた。

ミックとアニタは、1970年に公開された映画『パフォーマンス／青春の罠』で共演。恋人関係の役を演じている。ふだんからおたがいに魅力を感じていたミックとアニタは、撮影を口実に、カメラの前で本当にセックスする。

キースは試写会の場で自分の相棒と最愛のパートナーとの性行為を大きなスクリーンで見せられ激怒した。

しかしキースも、バンドの初期のリーダーでもう一人のギタリスト、ブライアン・ジョーンズからアニタを奪っていた。しかも、この時期のミックの恋人、マリアンヌ・フェイスフルとも関係を持っていた。傍目には理解しがたい関係だが、キースは次のように振り返っている。

「何しろ、俺はアニタをブライアンから奪ったんだ。ミックが同じことをしないなんて思っちゃいなかった。ドナルド・キャメルの差し金もあったしな。キャメルがいなかったらあんなことになってたかどうか。しかし、俺だってそのあいだにマリアンヌとやっていた」(『キース・リチャーズ自伝 ライフ』キース・リチャーズ著/棚橋志行訳/楓書店刊、以下同)

ドナルド・キャメルはこの映画の監督で、キースとは不仲だった。キースのこの本は、ロックミュージシャンの自伝のなかでも、後に紹介する『エリック・クラプトン自伝』

『キース・エマーソン自伝』と並び、すさまじく赤裸々だ。キースが、失恋やドラッグまみれの日々など負のキャリアも率直に語っている。

そこにはリベンジともいえる告白もある。

「じつを言うと、ミックが戻ってきて、あわてて家から飛び出したことがある。一回だけだ。暑くて、汗だくだった」

自分がいわゆる〝間男〟をした事実を世の中に発信した。

「あの美しいふたつの乳房のあいだに横顔を埋めていると、あいつの車が近づいてくる音がして、うろたえた。窓を見て、靴を履いて、窓から飛び出し、庭を突っ切ったところで、靴下を置いてきたのに気がついたんだ」

〝横顔を埋めていると〟という記述がリアルだ。

『キース・リチャーズ自伝 ライフ』

スティーヴン・タイラーとミックの関係

ミック・ジャガーは常に複数の女性と関係を持ってきた。

1976年夏、イギリスのイングランド東部、ハートフォードシャーで開催したコンサートには当時の妻、ビアンカ・ペレス・モラ・マシアスを同伴していた。にもかかわらず会場でモデルのベベ・ビュエルを見つけると、さっそくアプローチをする。

ビュエルは、このイベントに参加していたトッド・ラングレンズ・ユートピアのフロントマン、トッド・ラングレンと交際していた。

ミックはえげつない。

「トッド、きみよりも俺のほうが大物スターだ」「彼女はいただくぜ」（『ワイルド・ライフ』より）

こういうことを平気で言う。そして、ビュエルと付き合い始めた。

ところが、ビュエルはミックやトッドよりも上手《うわて》だった。このときすでに、エアロスミスのリード・ヴォーカル、スティーヴン・タイラーとも交際していたのだ。スティーヴンはこう振り返っている。

「ベベ・ビュエルにもとっつかまった。ある晩、ニューヨーク・シティのあるクラブで、この金髪美人に俺は目も耳も奪われた」（『スティーヴン・タイラー自伝』スティーヴン・タイラー著／デイヴィッド・ダルトン構成／田中武人、岩木貴子、ラリー・フラム

ソン訳／ヤマハミュージックメディア刊、以下同）

ビュエルと会ったとき、スティーヴンは彼女が多くのロック・スターと付き合っていることは知っていた。

「その顔ぶれがすごいんだ。俺も彼女のトップ10に入れたら、と思うだけでもう俺のディック《イチモツ》がクラークさ」

その〝顔ぶれ〟にはミックもいれば、トッドもいたのだろう。〝ディックがクラーク〟という表現は意味不明だが、おそらく局部が爆発するほど興奮したのだろう。なかなかバカっぽい。『スティーヴン・タイラー自伝』全体がかなりバカっぽくて楽しい。

『スティーヴン・タイラー自伝』

「俺たちは燃え上がるような恋をして、俺はベベ・ビュエルと一緒にドイツ・ツアーにまで行った」

当時のスティーヴンはミックの真似と言われていた。唇が分厚く、同じ系統の顔だったことが理由だ。自伝では、スティーヴン自身がミックを意識していたことを告白している。

「あれっ、お前、ミック・ジャガーに似てるじゃん！」

16歳のときに言われて、スティーヴンはその気になる。もともとミックのファンだったが、大ファンになった。

「ミック・ジャガーと同じ分厚い下唇のスティーヴン・タイラーに観客は熱狂、前列は椅子から立ち上がった」

このように新聞に書かれたこともある。スティーヴンは喜んだ。

スティーヴンはニューヨーク生まれだが、ミックに似ているためにイギリス人と間違えられた。そこで、イギリス人のふりまでした。彼が10代だったのは1960年代。ビートルズ、ローリング・ストーンズ、ザ・フー……など、ロックはイギリスが主流だった。

「今日、この瞬間に至るまで、ミック・ジャガーは俺のヒーローだ」

スティーヴンは語っている。


誰の娘か？

ビュエルがスティーヴンとも付き合っていると知ったミックはますますテンションが

上がった。ミックがビュエルを見初めた1976年は、エアロスミスのアルバム『ロックス』が売れて世界的に注目されていた時期だ。にせものよりも本物のほうがいいだろ、と言ってミックはビュエルを口説いたという。大人げない。

翌1977年7月、ビュエルは女の子を出産する。

誰の子だ――？　関係者たちは判断できない。

そのとき、ミックの動きは速かった。当時フェイセズからストーンズに加入したばかりのギタリスト、ロン・ウッドを引き連れて出産祝いに駆け付ける。トッドよりも先に行こうとしたのだ。

ミックは意外にも潔く、ビュエルが産んだ子を自分の子どもとして育てたかったらしい。まさか赤ちゃんを先に抱いたほうが父親になれるとは思っていなかったはずだが、とにかく一番に参上した。ただしこの時点で、ミックはトッドをライバル視していてスティーヴンの存在を忘れていた。

したたかなビュエルは産まれた子をトッドの娘として育てることにした。何人もの女性と関係している女たらしのミックよりもトッドのほうがマシだと判断したのだろう。スティーヴンはこのころ、ヘロイン漬けでボロボロだった。

では、娘の父親は誰だったのか——。スティーヴン・タイラーだった。

前出のスティーヴンの自伝によると、彼は１９８０年にビュエルと再会している。

「彼女はドイツで妊娠したが、ツアーの後俺たちはどういうわけか別れた。おそらく、俺はそれが自分の子供だという事実から目をそらしていて、彼女はそんな俺に嫌気がさして、トッド・ラングレンのほうがいい父親になるだろうと決断を下したんだろう」

スティーヴンは、一度は現実から逃げた。しかし、年月を経てわが娘の写真を見せられ、意識が変わった。

「べべが赤ちゃんのリヴの写真を見せてくれて、俺たちは涙を流し合い、それから俺たちは別れた」（同）

このリヴという名の娘は、後に『アルマゲドン』や『ロード・オブ・ザ・リング』に出演、世界的な注目を浴びる女優、リヴ・タイラーだ。

ビュエルは娘が８歳になったときに、リヴの父親がスティーヴンであることを知らせる。ミックも、トッドも、ビュエルにしてやられたのだ。なお、１９９８年に公開された『アルマゲドン』の主題歌は、エアロスミスの「ミス・ア・シング」。『ビルボード』誌の全米ホット１００のチャートで４週間連続１位になり、ＭＴＶビデオ・ミュージック・アワードの「ベスト・ビデオ・フロム・ア・フィルム」にも選ばれた。

話を少し前に戻せば、リヴが生まれた1977年、ビュエルはもう一人のロック・スターとも交際していた。キッスのベーシスト、ジーン・シモンズだ。二人は連れ立ってデビュー前のヴァン・ヘイレンのライヴをハリウッドで観ている。『KISS AND MAKE-UP ジーン・シモンズ自伝』(ジーン・シモンズ著/大谷淳訳/シンコー・ミュージック刊)では次のように語られている。

「俺は、数多くのロックスターと浮名を流していたべべ・ビュエルというモデルと一緒だった(リヴ・タイラーの母親といった方が今日ではわかりやすいであろう)」

ビュエルはミック・ジャガー、トッド・ラングレン、スティーヴン・タイラー、ジーン・シモンズとほぼ同時期に交際していた。世間にオープンになっているだけで四股交際になる。ほかにもまだ交際相手がいたらしい。べべ・ビュエル、恐るべし。

以下、スティーヴンの自伝からビュエルの気の強さがうかがえるエピソードを紹介しておこう。二人でポール・マッカートニー&ウイングスのライヴを観にロンドンのウェンブリー・スタジアムを訪れたときのことだ。

「スラッゴ」

ビュエルはポールの妻、リンダ・マッカートニーのなにかが気に食わなかったのだろう。口汚く罵った。

リンダも負けてはいない。

「スラゲット」

と言い返した。おそらくどちらも、尻軽女のスラング「スラッグ」の意味で言ったのだろう。

そのまま二人は、つかみ合いのけんかを始めた。

スティーヴンは女同士のけんかには興味はない。その場が収まると、トイレへ行き小便をした。

ふと気づくと、横にポールがいた。連れションになった。ポールも女同士のけんかには興味がなかったのだろう。

「あんたの音楽は気に入ってる」

放尿しながらポールがほめた。スティーヴンは小便が止まるほど喜んだ。

ミック、スティーヴン、ジーン、3人のバイオグラフィを読むと、このころの背景が立体的に見えて楽しい。

エリック・クラプトンとミックの関係

1989年、ミックはモデルのカーラ・ブルーニと出会う。ミックはこの頃40代後半。カーラは20代前半で、40代半ばのエリック・クラプトンと交際していた。

ニューヨークで暮らしていたクラプトンは彼女を連れ、よりによって、アルバム『スティール・ホイールズ』のツアーでニューヨークにやってきたストーンズのライヴを観に行ってしまう。そこで、クラプトンはカーラがミックの好みのタイプであることに気づく。美貌、若さ、経済力を備えた女性にミックは目がない。

クラプトンは苦い過去を思い出した。彼のかつての妻、パティ・ボイドにミックが入れあげた時期があったのだ。ミックはパティを口説きまくり、クラプトンは妻を奪われないために神経を削った。

詳細は後述するが、パティはクラプトンと結婚する前、ジョージ・ハリスン夫人だった。つまりクラプトン自身、親友のジョージからパティを奪っている。パティが自分から去っていかないという確信を持てなかったのだろう。

そして、今度はカーラを奪われるのではないかと戦慄した。

『エリック・クラプトン自伝』

「お願いだよ、ミック。この娘はやめてくれ。恋してるらしいんだ」

バックヤードでクラプトンは自分の思いをミックに伝え、手を出さないでほしいと懇願したことが『エリック・クラプトン自伝』（エリック・クラプトン著／中江昌彦訳／イースト・プレス刊）で語られている。

しかし、時すでに遅し。ミックが言うことを聞くはずはない。しかも、カーラはミックのファンだった。クラプトンは分が悪い。

タイミングもよくなかった。クラプトンがボツワナ、ジンバブエ、モザンビークをまわるアフリカ・ツアーに出発する前だった。

クラプトンは不安を抱えながらツアーに出かける。そしてアフリカから戻ると、カーラから冷たい扱いを受けるようになった。彼女はすでにミックと付き合い始めていた。

人のいいクラプトンは、こんなときでもストーンズのショーにゲストで参加する。深く傷つきながらもギターを弾いている。

「その年の残りは、強迫観念にとらわれていて、ストーンズのコンサートにゲストで出た時は、彼女がどこかに潜んでいることがわかっていたので、それがぞっとするほどひどくなった」（『エリック・クラプトン自伝』より）

気の毒な状況だ。

ミックが女性から好かれる理由は、スーパースターでありながら、少年っぽい無邪気さを持っていることではないだろうか。

一方クラプトンは、スーパースターで、ジェントルマン然とした佇まい。傷つきやすいナイーブさを持っている。そして、知性が感じられる。『エリック・クラプトン自伝』もキース・リチャーズの自伝同様、プライベートの恥ずかしい体験が正直に語られている。上品な雰囲気と負のキャリアとの落差に魅力を感じる。

デヴィッド・ボウイ夫妻と愛し合う

ミック・ジャガーは、相手の性別も選ばない。男ともベッドに入る。同衾《どうきん》している現場を見られ、それでもけろっとしているらしい。大物だ。

ミックはこれまでに、デヴィッド・ボウイ、エリック・クラプトン、ミック・テイラーなどとの関係が報じられてきた（このあたりのことはアンダーセン著の『ワイルド・ライフ』にも書かれている。本人がすべてを認めたわけではないが、それなりに関係者の信憑性ある証言が残っている）。タイプは違うものの、3人とも美形。ミック・テイラーはいまや肥ってしまったが、ストーンズ在籍時は美青年だった。

ボウイに関しては、彼の妻のマリー・アンジェラ・バーネットとも関係していたとされている。ふつう三角関係は一人の女性をめぐり二人の男がライバル関係に、あるいは一人の男をめぐり二人の女性がライバル関係にある。しかし、ミックとデヴィッド・ボウイ夫妻の関係は、3人がそれぞれつながっているので、全員がほかの二人に対して愛情を持っているくっきりきれいな平和的正三角関係だ。

ストーンズの名曲の一つに「悲しみのアンジー（Angie）」がある。泣かないでくれ、さよならを言わなくてはいけないのか、僕たちは頑張ってきたよな——と、愛する女性との別れを歌ったバラードだ。

ミックは「悲しみのアンジー」を誰のために歌ったのか——。さまざまな憶測が飛び交った。デヴィッド・ボウイ夫人のアンジェラなのか。キース・リチャーズの内縁妻のアニタなのか。キースは自分の娘のアンジェラのために曲タイトルを決めたと発言している。さらに、ミックがデヴィッド・ボウイに捧げたとも言われている。

実際、ミックは男性から見ても性的魅力にあふれているらしい。

「ミックは、私が真剣にファックしたいと思った唯一の男性だ」

ザ・フーのギタリスト、ピート・タウンゼンドは『ピート・タウンゼンド自伝 フー・アイ・アム』（ピート・タウンゼンド著／森田義信訳／河出書房新社刊）で、デビュー当時にミックに会ったときのことを回想し告白している。ザ・フーは1960年代からビートルズ、ローリング・ストーンズとともに活躍していたイギリスのバンドだ。

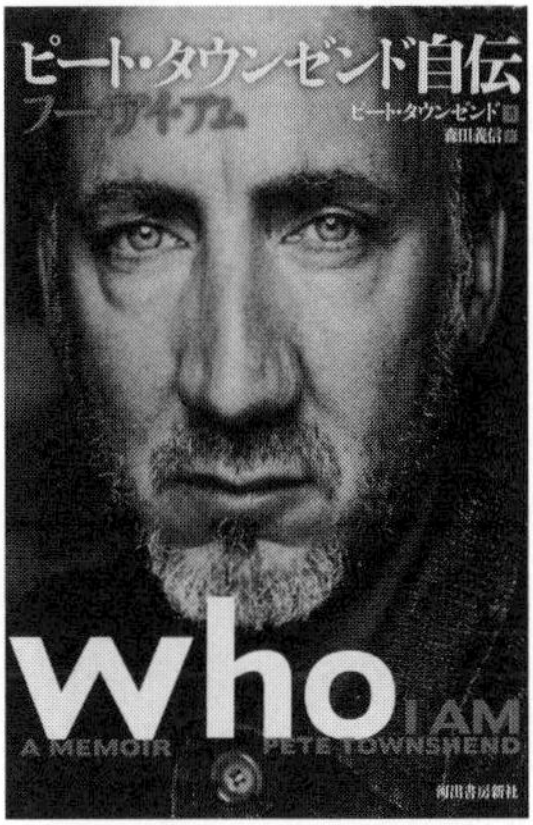

『ピート・タウンゼンド自伝 フー・アイ・アム』

「そのとき彼は、パジャマのようなルーズなズボンを履いていた。下着はつけていなかった。そのせいで、彼が椅子に体をもたせかけると、腿の内側に長くて太いモノが横たわっているのが嫌でも目に入った。彼は明らかに、立派なイチモツの持ち主だった」（『ピート・タウンゼンド自伝 フー・アイ・アム』より）

しかし、ピートがだまされている可能性もある。キース・リチャーズによると、ミックのモノは小ぶりで、下着にダミーを入れていたという。

ただし、タマは大きいという。なぜそんなことが言えるかといえば「証言」があるからだ。

「やつのちんこは鼻の先っぽについてるんだよ。でっかい玉にちっちゃなちんこだ」（『ワイルド・ライフ』より）

このキースのコメントが2005年のアメリカ・ツアーのボストン公演のとき、同年8月21日付けのボストンの新聞に載った。ミックは激怒して、キースの部屋に怒鳴り込んだという。

ミックのタマ絡みの話はまだある。『ワイルド・ライフ』によると、ミックは自分のモノが大きくなるように努力していた。ヴェルナー・ヘルツォーク監督による1982年公開の映画に『フィツカラルド』がある。ペルーの山奥にオペラハウスを建てるためにアマゾンの奥地でゴム園を開拓する男を描いた作品だ。

ミックはこの映画に出演する予定で、撮影にも参加していた。その撮影現場で彼はアマゾンに伝わる、ペニスを大きくする秘儀を試したそうだ。ペニスを竹の筒に入れ、蜂も入れる。刺されたペニスが竹の筒の空洞分まで膨らむという極めて原始的なやり方だった。

このエピソードの真偽は定かではないが、ジャングルの奥で連日寒さに耐える撮影で、ミックは気がおかしくなったのではないかと言われている。このロケはかなり過酷で、ミックは耐えられずに降板した。

初体験の相手は男性？

ミックが男性と関係を持つようになったのはかなり古い時代に遡る。１９４３年、ミックは裕福な家庭で生まれた。10代のころに父親がフィットネスのビジネスで成功を収める。

『ワイルド・ライフ』によると、ミックは13歳になるとセックスをしたくてたまらなくなった。健全な男子の欲求だ。

ただし、その後の行動が他とは違った。女子生徒と性体験をしたかったはずだが、当時通っていたダートフォード・グラマースクールでは、周囲に女子生徒がいない環境だった。日本の思春期の男子なら、性欲の爆発を耐えて夢精をするか、自慰でがまんするだろう。しかし、ミックは違う。同級生の男を対象にした。

「こうした少年期の同性愛体験がミックの人生や作品に大きな影響を与えていることは間違いない」

このようにアンダーセンは書いている。ミックは10代前半ですでに同性との性行為に抵抗を感じなくなっていた。

ミックが女性との性行為を体験するのは男としたよりも少し後で、ロンドン経済大学在学時だった。

彼の父親は厳しく、学生時代にすでに生活費を自分で稼ぐように言われていた。ミックが見つけた職は精神病院の介護スタッフ。週に15ドルの収入だったという。

この病院で彼は看護師によって童貞を奪われている。イタリア人の看護師にリネン室に連れ込まれ、立った状態でセックスをした。アンダーセンの本には読み手が心配になるほどプライベートが晒《さら》されている。

キースの純愛

ミックの相棒、キース・リチャーズは1943年にやはりイングランド、ケント州ダートフォードで生まれた。

キースはワイルドな風貌に似合わず、恋愛には純粋な面がある。乱れた性生活をしていたかと思うと、心から愛する女性に対しては一途さも見せる。

デビューして間もないころ、ストーンズのマネージャー、アンドルー・オールダムが主催したパーティーで、キースは17歳の美少女と出会った。リンダ・キースというモデルだ。キースはリンダにひと目惚れ。すぐに一緒に暮らすようになり、高級車のジャガーマーク2も贈った。

しかし、リンダはまだ17歳。遊びたい盛りだった。その上、ミュージシャンにはツアーがある。いつも一緒にいるわけにはいかない。彼女は自由を謳歌し、キースがツアーに出かけて戻る度に、心変わりしていった。

不安になったキースはアメリカ・ツアーに彼女を連れていき、ニューヨークに滞在した。ところがそれが裏目に出た。ニューヨークでリンダはジミ・ヘンドリクスに熱を上げてしまう。

『ジミ・ヘンドリクスかく語りき　1966－1970　インタヴュー集』（スティーブン・ロビー編著／安達眞弓訳／スペースシャワーブックス刊）には、『EYEマガジン』

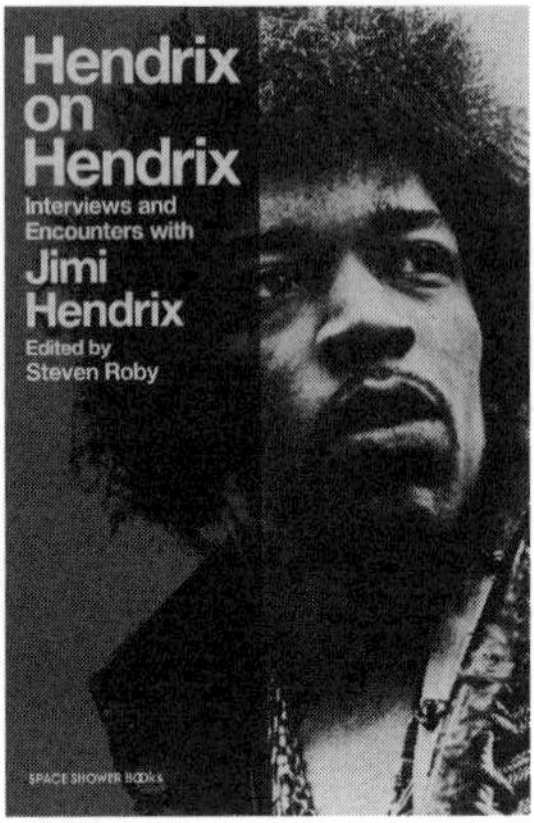

『ジミ・ヘンドリクスかく語りき 1966－1970 インタヴュー集』

誌1968年7月号の記事が収録されている。

筆者は、マイケル・トーマス。

「彼に名声を与えた第一の貢献者はイギリスの美女、その名もリンダ・キースだ。ニューヨークのディスコ、オンディーヌで旧友チャス・チャンドラーとたまたま顔を合わせ、ジミー・ジェイムズの演奏を聴かせるためにカフェ・ホワ?に連れて行ったのは、他ならぬリンダだった」

チャス・チャンドラーは、アニマルズの元ベーシスト。バンド解散後には音楽プロデューサーになり、ジミのマネージャーも務めた。ジミー・ジェイムズは、ジミのデビュー前の呼び名。カフェ・ホワ?（Cafe Wha?）はニューヨークのマクドゥーガル・ストリートにあったカフェで、ジミはいつもこの店にいた。

恋のよろこびも失恋の悲しみも歌になる

少し話は脱線するが、カフェ・ホワ?について説明しておこう。同店は、ショービジネスシーンのレジェンドを何人も輩出したことで知られている。ジミだけでなく、コメディアンのレニー・ブルースやウディ・アレンも出演している。デビュー前のボブ・ディランも一時期入り浸っていた。

「（カフェ・ホワ？は）グリニッチヴィレッジの中心のマクドゥーガルストリートにあるクラブだった。地下に広がったほら穴で、強い酒はなく、薄暗い照明に低い天井、それに椅子とテーブルがあるだけのだだっ広い食堂のような場所だ——昼間から営業していて、午前四時に閉店する」（『ボブ・ディラン自伝』ボブ・ディラン著／菅野ヘッケル訳／ソフトバンク パブリッシング刊）

『ボブ・ディラン自伝』

１９６１年冬、ニューヨークにやってきたディランは、この店に出演するようになった。寒さがしのげ、ハンバーガーとフライドポテトをいくらでも食べさせてくれた。

１９６５年夏には、ソングライターのジェリー・ゴフィンがここで、デビュー前のジミの演奏を目撃。驚愕している。

ジェリーは妻、キャロル・キングとのソングライティング・チームで「ウィル・ユー・ラヴ・ミー・トゥモロー」「ナチュラル・ウーマン」「ロコモーション」など名曲をたくさん書いている。

『キャロル・キング自伝 ナチュラル・ウーマン』

ジミを観たバンド仲間が興奮してキャロルに報告した時のことを彼女はこう振り返っている。

「グリニッチ・ヴィレッジにあるクラブ〝カフェ・ホワッ？〟で見たバンドは三人編成で、フロントに立っていたシアトル出身の若い黒人男性が、歌も歌うが、ギターを今まで見たことも聴いたこともないスタイルで弾いたと言う」（『キャロル・キング自伝 ナチュラル・ウーマン』キャロル・キング著／松田ようこ訳／河出書房新社刊）

「そいつは自分の歯でギターを弾いたんだよ！」

バンド仲間の興奮は収まらない。

「そのギタリスト、ジミー・ジェイムスは後に世界にジミ・ヘンドリックスとして名が

知られることになる」（同）

　1960年代にニューヨークのダウンタウンにある小さなカフェに、ジミ・ヘンドリクス、ボブ・ディラン、ジェリー・ゴフィンが出入りしていた。東西南北のアーティストが行き交う〝ミュージシャン交差点〟の役割を持っていたのだろう。

　さて、リンダだが、彼女はジミのギターに魅せられ、断わりもなくキースのストラトキャスターをプレゼントしてしまう。

　ニューヨークからロンドンに戻ると、リンダはビル・チェネイルという新鋭の詩人とも付き合い始めた。

　半狂乱になったキースは、ロンドン中彼女を探し回った。泣きながら街をさまよった。リンダとビルが暮らすエリアを張り込んだ。今でいうストーカーのような行動だ。窓越しに二人のシルエットを見て、キースは自分の恋の終わりを悟った。

「あのときだ。深い喪失感を初めて味わったのは。ただ、ソングライターは、裏切られてもその題材で歌を書いて慰めを見いだせる。吐き出すことができるんだ。あらゆることが何かにつながる。断ち切れたままのものなんかない。経験になる。想いになる」

　キースは自伝で語っている。強がりにも感じられるが、アーティストはプライベートの恋愛を創作活動にいかせるのは事実。ふつうならば恥ずかしい失恋体験も、ミュージシャンならば作品に反映できる。

マリアンヌ・フェイスフルへの「涙あふれて」

ローリング・ストーンズは1963年に「カム・オン」でデビューして以来400曲を超える楽曲を発表してきた。ラヴ・ソングも多い。ミック・ジャガーの恋愛遍歴は異常だが、プライベートの経験があるからこそ、数々の名曲が生まれた。人とは異なる体験を持つと、ほかのアーティストにはできない作品をつくることもできる。ミックは、自宅にいても、ツアー中でも、何百通ものラヴレターを出していた。エネルギーが有り余っているのだ。

そこから美しいメロディが生まれる。ラヴレターにつづった言葉が歌詞にもなる。そもそもどこにでもあるような恋愛からは、突出した楽曲はなかなか生まれない。ソングライターにとって、恋愛は多ければ多いほどいい。

愛する気持ちが成就しようが、恋に破れようが、いずれにしても作品づくりの種子になる。ミックもキースも、恋愛遍歴を自らの創作源にして数多くの名曲を書き、歌い、演奏してきた。その恩恵を私たちはリスナーとして享受している。

自分の恋愛から作品を生み、その作品を自分の恋愛に還元する。そこからまた作品を生み、また恋愛に還元する。これがアーティストだからこそ与えられている健全なプラスのスパイラルだ。

デビューしてまもなくストーンズは人気バンドとなったが、バンド内に作家チームをつくらなければその先はないと、マネージャーのアンドルー・オールダムは感じていた。すでに世界レベルで人気に火がついていたビートルズにはレノン＆マッカートニーという圧倒的な作家チームがいた。ビートルズの二人に匹敵するのは誰か。バンドメンバー5人を見まわし、ミックとキースならば曲を書けそうだと判断したのだ。オールダムは目利きだった。

１９６４年にミックとキース、そしてオールダムによって作られた最初期の作品の一つが「涙あふれて（As Tears Go By）」である。かなり甘いテイストのバラードだ。

しかし、ブルースやロックをやる当時のストーンズには似合わない。そこで、白羽の矢が立ったのが17歳で修道院の附属学校に通っていた美しい少女、マリアンヌ・フェイスフルだった。

パーティーで初めてマリアンヌと会ったミックはハイテンションで接近し、彼女のドレスにドンペリをぶちまけ、その胸を素手でぬぐった。マリアンヌは激怒。しかし、その後「涙あふれて」を贈られ、怒りが愛情に変わる。この曲はマリアンヌのデビュー曲として世界中でヒットした。後にストーンズも自らこの曲をレコーディングする。

前述のように、「悲しみのアンジー」も、ミックはデヴィッド・ボウイの妻のアンジェラ、あるいは恋愛関係にあったとされるボウイ本人に捧げたと言われている。ストーンズのバラードは、個人的な誰かに対して歌われているケースが多いので本気度が高い。

1971年にリリースされたバラードの名曲「ワイルド・ホース」も同様。ミックはマリアンヌと喧嘩するとこの曲を歌い、彼女をなだめた。ミックは、君のために書いた曲だよ、と言っていたらしい（のちに本人が「そんなことない」と語ったという記事もある）。

君を手放すことができない――というこの歌をおそらくほかの女性にも歌っていたふしがある。名曲ができたら、プライベートでも有効活用するのがミックの手口だ。

ミックと長く交際し、子どもも産んだモデルのジェリー・ホールは、ミックが歌うどのラヴ・ソングも自分のために書かれていると思っていたそうだ。

2001年にリリースされたミック・ジャガー4枚目のソロアルバム『ゴッデス・イン・ザ・ドアウェイ』に収録されている「ドント・コール・ミー・アップ」についても、自分のための曲だと喜んでいる。しかし、この曲はエリック・クラプトンから奪ったカーラ・ブルーニ（モデル、シンガー、のちのサルコジ仏大統領夫人）を歌っていたらしい。

ジョン・レノンの浮気失敗体験が「ノルウェーの森」に

個人的な恋愛体験を作詞・作曲にいかすのはミック・ジャガーに限ったことではない。多くのアーティストが、この手法で音楽をつくり、歌い、演奏してきた。

ジョン・レノンもそうだった。ジョンは1940年にイギリスのリヴァプールで生まれた。言うまでもなくビートルズのメンバーであり、やはりリヴァプールで生まれたポール・マッカートニーと共にメインソングライターである。ビートルズ時代にジョンがつくった名曲の一つに「ノルウェーの森（Norwegian Wood）」がある。タイトルはノルウェー調の家具のことを意味しているとされる。

ジョンはナンパした女の子の家に招かれた。下心たっぷりだったが、かわされてしまい、バスルームで眠るはめになったという歌だ。朝目覚めると、女の子は仕事に出かけてしまっていた。

この当時ジョンには一人目の妻がいた。シンシアだ。

「妻のシンシアに気づかれずに、ほかの女とのことを書いてみようとしたのです。ですから、非常にややこしい表現になっています。女のアパートとか、そういった、自分が体験したことのなかから書いていたといえます」

ジョンは著書『ビートルズ革命』（ジョン・レノン著／片岡義男訳／草思社刊）でそう語っている。ミュージシャンの翻訳本はたいがい翻訳家が訳すが、ジョンのこの本は『スローなブギにしてくれ』『彼のオートバイ、彼女の島』等、主に1970年代から1980年代にベストセラーを生んだ作家、片岡義男が訳している。

村上春樹の小説のタイトルにもなった「ノルウェーの森」はジョンのヴォーカルが切なげで、ファルセットが効いたコーラスも美しく、ジョージ・ハリスンが弾くシタールも印象的。ロマンティックな名作として聴き継がれている。

しかし、実際にはジョンが浮気を失敗した歌だった。「ソングライターは、裏切られてもその題材で歌を書いて慰めを見いだせる」（『キース・リチャーズ自伝』より）というキース・リチャーズの言葉どおりだ。

ジョンはプライベートをどんどん作品に反映させていく。二人目の妻、オノ・ヨーコにも多くの曲を作った。

ビートルズ時代の「ジョンとヨーコのバラード（The Ballad of John and Yoko）」、ソロでは「オー・ヨーコ」「ウーマン」などをヨーコに捧げてきた。『ジョンの魂』に収録されている「ゴッド」では、キリストもケネディもボブ・ディランもビートルズも信じないけれど、ヨーコと僕だけは信じると歌っている。

『ビートルズ革命』

そのマインドはアルバムジャケットにも反映されている。『ウェディング・アルバム』はまさしく結婚式の記念写真のようだし、『ダブル・ファンタジー』では二人が唇を重ねている。そして『「未完成」作品第1番 トゥー・ヴァージンズ』のジャケットでは、全裸の二人が並んでいる。局部も丸出しだ。

報われぬ愛から名曲を生むエリック・クラプトン

音楽で女性にアプローチする第一人者の一人が、エリック・クラプトンだろう。

クラプトンは1945年にイギリス、イングランドのサリー州リプリーで生まれた。1963年に黒人のブルースに影響を受けたイギリスの白人によるバンド、ヤードバーズに加入。ヤードバーズはクラプトンの後、ジェフ・ベック、ジミー・ペイジというロックファンに絶大な人気の腕利きギタリストが在籍したことがよく知られている。

クラプトンのオールタイムのキャリアのなかでも代表的なアルバムがデレク・アンド・ザ・ドミノス在籍時の『いとしのレイラ』や、その後のソロ作『スローハンド』。そこに収録されている曲の多くが、後に妻となるパティ・ボイドに捧げられている。

好きな女性のための曲を堂々と歌い演奏し、それを世界中のリスナーに発信してしまうとは、恥ずかしくないのだろうか——と不思議に感じるが、そんなことをクラプトンは気にしない。

リスナーも当たり前のように受け入れている。おそらくこれらの曲の質が高いからだろう。どんなモチベーションでつくられたとしても、曲自体がよければOKだ。

パティは、クラプトンと結婚する前は親友、ジョージ・ハリスンの妻だった。ピート・タウンゼンドは自伝で、パティと初めて会ったときの驚きを語っている。当時、彼女はまだジョージの妻だった。

「夢でしかお目にかかれないようなその顔立ちには、人と仲良くしたいという透明な思いがあふれていた」（『ピート・タウンゼンド自伝』より）

そんな夢でしかお目にかかれないほど美しいパティを愛してしまったクラプトン。歌でも口説き、長い時間をかけて自分の妻にした。

クラプトンが恋に落ちたのは１９６８年。当時クラプトンはロンドン郊外で暮らしていた。近所にジョージ・ハリスンとパティ夫妻がいた。クラプトンとジョージの交流のなかで生まれたのが、ビートルズの名盤『アビイ・ロード』でジョージが歌う「ヒア・カムズ・ザ・サン」だ。

二人と頻繁に食事をするうちに、クラプトンはパティに魅かれていく。しかし、クラプトンはミック・ジャガーとは違い、親友の妻を奪うことをためらう。パティへの想いを最初は胸の中に封じ込めた。

その気持ちを抑えるために、彼女の妹のポーラとも付き合った。きっかけをつくったのはジョージだ。ポーラに邪《よこしま》な興味を持ったジョージが、クラプトンにパティと関係することを勧めた。クラプトンがパティとベッドに入っている間にジョージがポーラと関係するという、なかなか問題のある提案だった。

ところが、すんでのところでジョージは躊躇する。怖くなったのだ。パティとできなくなったクラプトンはポーラと寝た。

クラプトンは、ポーラに姉のパティを感じ、さらにパティへの想いを強くする。ジョージが出かけていてパティが一人在宅していそうな時間をねらって訪ねるようになる。そしてついに、パティに自分の気持ちを伝えた。

しかし、かんたんにはクラプトンの想いに応じないパティ。それでも、二人の距離はどんどん近づいていく。パティとジョージの関係はうまくいっていなかったのだ。クラプトンは、ジョージにも、パティへの自分の想いを打ち明けてしまう。困惑するジョージ。どうすることもできない、クラプトン、ジョージ、パティの3人。

そんな1970年、クラプトンはデュアン・オールマンやジム・ゴードンと組んだバンド、デレク・アンド・ザ・ドミノスで、ロック史に輝く名盤をレコーディングした。『いとしのレイラ』——パティへの報われない愛で胸が張り裂けそうになっていたクラプトンの想い満載のアルバムだ。

ほかの誰かの女を愛することが罪ならばオレは死ぬまで罪を犯し続けるとうったえる「アイ・ルックト・アウェイ」。レコーディングのお土産にパティにベル・ボトムのジーンズをねだられたことから生まれた「ベル・ボトム・ブルース」では、チャンスをくれ、お前の心のなかにずっといつづけたいと懇願する。タイトルチューンの「いとしのレイラ（Layla）」では、オレはお前に跪《ひざまず》いて許しを請う、とうったえる。

どの曲も抜群の楽曲、抜群の演奏、抜群の歌。クラプトンが今も歌い続けている代表曲だ。

愛の成就に費やした6年で名曲を量産

「私たちの状況を説明する歌詞がたくさん出てくる完成した『レイラ』のアルバムを聴けば、私の愛の叫びに負けて、ついにジョージを捨てて、私とずっと一緒にいるようになるのだと確信していた」（『エリック・クラプトン自伝』より）

クラプトンはふり返っている。

このころ、クラプトンはピート・タウンゼンドにこんな依頼をしている。

「パティにはなんとしても、夫を捨てて俺のところへ来てほしい。だからピート、俺がパティとふたりきりでいられるように、そのあいだジョージをどこか別のところに引きとめてくれないか?」(『ピート・タウンゼンド自伝』より)

ピートはクラプトンの頼みを聞き入れて、ジョージと親睦を深めた。二人は気が合い、ほんとうに仲よくなった。

しかし、クラプトンのたくらみは失敗に終わる。『いとしのレイラ』のあまりの完成度の高さに、パティは感動とともに震えあがり、逆に気持ちが引けてしまった。

そんなパティに対しクラプトンは取り乱し、ジョージを捨てなければヘロインを常用してやると言う。しかしこの子どもっぽい脅しは逆効果だった。パティに距離を置かれ、クラプトンのアプローチはまた空振りに終わった。

クラプトンのパティへの想いがやっと成就したのは1974年。名盤『461オーシャン・ブールヴァード』をレコーディングしたときだった。

ジョージとパティの関係が絶望的な状況になり、クラプトンはパティへのアプローチを再開する。このときはベストタイミングだったのだろう、『461オーシャン・ブールヴァード』のツアーにパティは合流した。

二人が出会ってからすでに6年が経っていた。愛の成就に6年かかったおかげで、いい曲もたくさんできた。リスナーも楽しませてもらえた。

ただし、クラプトンの粘りは立派だが、パティ一筋だったわけではない。その間も別の女性と関係していたし、パティがツアーから離れた後は、ショーの後にはワンナイトの相手とベッドに入っている。これも自伝で正直に語られている。

1977年にリリースされたアルバム『スローハンド』に収録されている、日本人女性にとても人気があり、フジテレビ系のテレビドラマ『しあわせの決断』の主題歌にも使われたバラード「ワンダフル・トゥナイト」もパティに書いた曲だった。パーティーや会食へ出かける際、着替えに時間がかかる彼女の様子が歌われている。

「俺にはもう肉体的な魅力はないし……」

パティとジョージの離婚が成立し、クラプトンが彼女と結婚するパーティーを開いたのは1979年。ミック・ジャガー、ジェフ・ベック、ビル・ワイマン、ポール・マッカートニー、リンゴ・スター、デニー・レインなどが集まって演奏した。ジョージも参列し、二人を祝福している。アーティストのおおらかさは理解が難しい。クラプトンはステージにパティを上げ、彼女に向かって「ワンダフル・トゥナイト」を歌った。

このとき、パティはうかつだった。自分たちの寝室をよりによってミック・ジャガーに提供したのだ。付き合い始めたばかりのジェリー・ホールをともなっていたミックは好き放題に過ごしただろう。そのためパーティーの主役のクラプトンは食器棚の中で朝を迎える羽目になる。

クラプトンとパティの夫婦生活は長続きしなかった。大きな理由の一つは、結婚後、前にも増してクラプトンが外で飲み歩くようになったことだ。ドラッグとアルコールに依存し、治療して戻ると、また酒が欲しくなる。その状況にパティは表情を曇らせた。

パティが不妊症であることがわかり、それも二人の間の溝を深くした。やがて、パティは新しい若い男性との交際を始める。

そのときの苦しみも、クラプトンは音楽にしてしまう。そのアルバムが『ビハインド・ザ・サン』だ。二人の生活への失望が曲になっている。

新しい出会いを求める女性が主人公の「シーズ・ウェイティング」、囚人のような生活を送る自分を歌う「ジャスト・ライク・ア・プリズナー」、ひたすら謝る「セイム・オールド・ブルース」だ。そして、タイトルチューンの「ビハインド・ザ・サン」にはパティが去っていったときの気持ちが歌われている。

クラプトンはこの時期、日記もつづっていた。その日記の一部が自伝に掲載されている。

「今日の午後、ネル（注・パティのこと）のところに行って話をしたが、彼女はますますきれいになっている。新しい男との新生活をそっとしておいてほしいに違いない……俺にはもう肉体的な魅力はないし、彼と一緒にいるのが好きなのだという。幸せな男だ……俺は馬鹿だが、彼女はまだ俺を愛しているはずで、粘れば取り返せると信じている。彼女への愛を捨てるのは無理だ……希望とこだわりがある以上、諦められるはずがない……」

〝俺にはもう肉体的な魅力はないし〟という記述が切ない。

なぜパティをネルと書いているかといえば、〝パティ〟と呼ぶと、クラプトンは彼女がジョージ・ハリスンと夫婦だったことを思い出して胸が痛むらしい。繊細な神経の持ち主なのだ。

クラプトンはこの後何度か取り乱し、パティの新しい恋人を責める手紙もつづったが、やがて別れを受け入れた。そして１９８９年、二人は離婚する。

パティと出会ってからの日々は、つらい時期だったかもしれない。しかし、彼のキャリアを俯瞰すると、アーティストとしてもっとも数多くの代表曲が生まれたのはこの時期だ。「いとしのレイラ」「ベル・ボトム・ブルース」「ワンダフル・トゥナイト」「ビハインド・ザ・サン」などはパティとの関係性のなかから生まれた。

ロック界はジャングルにも見える。そのジャングルの〝食物連鎖〟の一番上にいるのがミック・ジャガーではないだろうか。ジョージ・ハリスンの妻とエリック・クラプトンが関係し、そのクラプトンの恋人とミックが関係する。ブライアン・ジョーンズの恋人をキース・リチャーズが奪い、そのキースの内縁の妻とミックが関係する。デヴィッド・ボウイについては夫妻両方とミックは関係している。

処女との儀式

クラプトンの自伝には、人の好さがもたらす不幸も語られている。以下、同書に綴られている、おぞましいエピソードをご紹介しよう。

パティとの生活に苦しんでいるある日、彼が自宅でくつろいでいると、ニューヨークに住んでいるヨーロッパなまりの女性から電話がかかってきた。

彼女は、クラプトンとパティの生活を修復できるという。クラプトンは憤りながらも対応してしまう。女性から頻繁に電話がかかってくるようになり、やがてその指示にしたがってしまう。

彼女の求めた〝セッション〟は異様だ。バスタブにさまざまな薬草を入れて浸かる。深夜に指の先を切り、クラプトンとパティの名を書いた十字架に血液をこすりつけて呪文を唱える。

驚くべきことに、クラプトンは信じて実行する。現代の日本ならオレオレ詐欺にだまされるタイプかもしれない。藁《わら》にもすがりたい状況だったのだろう。しかし、もちろんそんなことで夫婦の関係は改善されない。

やがて彼女は直接会うことを提案してきた。セッションのレベルを上げるべきだという。ちょうどニューヨークに行く予定があったクラプトンは、彼女に会ってしまう。そして、彼女の姿に恐怖を感じた。

「彼女は、真っ赤な髪で、かなり太った体型をした異様な風貌の女性だった」(『エリック・クラプトン自伝』より、以下同)

そこで彼女は、妙な〝儀式〟を求めてきた。呪文を完成させるには処女との性行為が必要だと言うのだ。

このときの詳細なやりとりも、クラプトンは自伝に残している。

「ニューヨークのどこで処女を見つけるんですか？」

素朴な疑問をクラプトンは投げかける。

「ここにいるわよ」

彼女は答えた。処女は自分だと言ったのだ。

「なぜその時、逃げ出さなかったのかは神のみぞ知る、だ。逃げればよかったのに、私は酔っぱらって自暴自棄になっていたし、まだパティとの和解ですべてが解決するという幻想に取りつかれていたので、それを実行した。屈辱的な体験に逃げ出したが、すでに傷を負った後だった」

酔っぱらいは正常な判断ができない。

しばらくして、この女性からの電話が復活する。お金の無心だった。クラプトンは、なんと人がいいのだろう、彼女に送金してしまう。それをきっかけにまたしつこく付きまとわれる。まだまだ巻き上げられると思われたのだろう。

さらに、タブロイド紙に彼女がクラプトンを中傷する記事が出た。そこには妊娠した彼女の写真も掲載されていた。クラプトンは戦慄する。

しかし、この件は、やがて解決した。彼女に雇われた少女が、すべては嘘であることをメディアに伝えたのだ。妊娠の写真は、お腹に枕を入れていただけだった。

クラプトンのほかにも何人か、彼女の罠にはまっていたことも判明する。各紙は小さな謝罪記事を掲載した。

しかし、クラプトンは落ち着かない。

「私はひどく動揺していた。なにしろ、彼女が実際に妊娠している可能性がかすかにあったので、もしそうだった場合、自分の責任はどうなるのだろうかと困惑していたのだ」

その後も、女性は突然クラプトンの前に現れ、真昼間の大通りでこう叫んだ。

「私からは逃げられないわよ」

そしてある日、ニューヨークでクラプトンは驚くべき光景を見る。知り合いのミュージシャンが彼女と一緒にいたのだ。

おそらく会話も交わしたのだろう。クラプトンは二人が結婚していることを知って仰天し、彼に真実を伝えたい衝動にかられる。

「彼女がどんな人間で、何をしかねないか、彼に正しく理解させるべきだと思ったが、結局はほっておくことにした。二人は幸せそうで、変わった様子もなかったので、私にはとても波風を立てる度胸はなかった。それに彼はすべてのことを承知しているのかもしれなかった」

友人のミュージシャンが誰なのか――興味があるが、それは書かれていない。


ビートルズのツアーは酒池肉林?


ミュージシャンにはツアーがある。長い間家を空ける。不在は夫婦や恋人同士の間に溝をつくる。

アーティストは概してエネルギー量が多い。結果、各都市で女性と関係することも珍しくない。イベンターが機会を設けることもあるだろう。酒池肉林のような宴《うたげ》も行われるかもしれない。それは必ずしも割り切ったワンナイトイベントでは終わらない。ツアー先で魅力的な女性に出会えば、交際に発展するケースもあり得る。

ツアー先ではどんなことが行われているのか――。その内容を正直に打ち明けているアーティストもいる。

「ビートルズの公演旅行は、フェデリコ・フェリーニの映画『サティリコン』みたいでした」

著書『ビートルズ革命』で、ジョン・レノンは語っている。

１９６９年に公開されたこの映画の舞台は西暦50～60年代、皇帝ネロ統治下のローマ。ネロは暴君で、酒池肉林、淫蕩の限りを尽くしたと伝えられている。

映画『ビートルズがやって来るヤァ！　ヤァ！　ヤァ！』に描かれているが、１９６２年にデビューしたビートルズがさかんにライヴを行っていた時期は世界のどこへ行ってもすさまじい人気で、大狂乱のツアーだった。

「ショウが終わった会場には尿の臭いが立ちこめていた」

ビートルズの初期にその前座を務めていたザ・フーのピート・タウンゼンドも『ピート・タウンゼンド自伝』で回想している。ビートルズの熱狂的なファンは若い女性が多く、彼女たちはビートルズを目の前にして興奮し、失禁していた。

そんなファンがライヴ会場やホテルの外に溢れているので、バンドは屋外へ出られない。飲食はホテル内。観光などもってのほか。ずっとホテルにいると、自分たちがどこの街にいるかもわからない。アーティストたちには過度のストレスが生じる。その解消のためにスタッフが女性を集め、ジョンの言うような酒池肉林状態になったのだろう。

「当時はまだグルーピーとは呼ばれていなくて、なにかほかの呼ばれ方をしていました。グルーピーが手に入らなければ、娼婦でもなんでも、手に入るものでやっていたのです」（『ビートルズ革命』より、以下同）

まれに外に出られるチャンスに恵まれれば、そこでも狂乱を行った。

「アムステルダムで私が四つん這いになって這いまわった写真があるのをご存知でしょう。娼家から這って出てくるところとか、そういった情景の写真です。そんな私に、人が、〝おはよう、ジョン〟と言っていたりして。警察の護衛つきで、そのようなところへいったのです。派手なスキャンダルをおこしてもらいたくない、という気持ちからでしょう」

『ビートルズ革命』において、女性やセックスに関して、ジョンは歯切れが悪い。

というのも、この書籍はヤーン・ウェナーというジャーナリストによるインタビューの語り起こしで、現場には、妻のオノ・ヨーコを伴っていた。いくら20代のころのこととはいえ、妻の前で事実をすべて話すのは気が引ける。ジョンは「ほかのメンバーたちの奥さんも傷つけたくありませんし」と、本心を語っている。

キース・エマーソンのハーレム

ここまでに取り上げた自伝もかなり赤裸々だが、それをはるかにしのぐのが、イギリスのプログレッシヴ・ロックバンド、エマーソン・レイク&パーマー（EL&P）のキーボードプレイヤー、キース・エマーソンだ。彼は『キース・エマーソン自伝』（キース・エマーソン著／川本聡胤訳／三修社刊）で性生活を赤裸々に告白している。以下、同書をもとに書くが、かなり露骨な性描写が多いので苦手な方は読み飛ばしていただきたい。

『キース・エマーソン自伝』

キースは1944年にイギリス、ヨークシャー州のトッドモーデンで生まれた。1968年にバンド、ナイスのメンバーとして『ナイスの思想』でアルバムデビューした。プログレシーンを席巻したEL&Pの結成は1970年だ。

キースの自伝は圧倒的におもしろい。メディアを通しての彼は、神経質で、暴力的なイメージ。しかし音楽に対しては真摯で、自伝では無邪気さも見せる。傷ついて落ち込んだり、女性との行為を前に怯えたりする様子を正直に打ち明けている。その描写はかなり滑稽で、多くの読者はキースに親近感を覚えるのではないか。

キース・エマーソンは超絶技巧のテクニックに加え、ハモンドオルガンに乗って揺らし、鍵盤やボディにナイフを突き刺すパフォーマンスで全世界を魅了した。EL&Pでは、ベーシストのグレッグ・レイク、ドラマーのカール・パーマーとともに、『タルカス』『展覧会の絵』『恐怖の頭脳改革』など名作をレコーディングしている。

彼はEL&Pを結成する以前、1968年にナイスのメンバーとして初めてニューヨークを訪れた。自由の女神やエンパイアステートビルを見ようと車の窓から顔を出したことが無邪気に語られていく。そしてニューヨークでのライヴの開演前、出演するクラブでリンという細身のブロンド嬢にナンパされる。日本でいうところの〝逆ナン〟だ。

「面喰らってしまった。イギリスの女性は概してよそよそしかったので、私はアメリカでこのように女性の方から大胆に声をかけられるのにはまだ慣れていなかったのだ。でも誘われたからには、私はもう何もかも忘れることにした」（『キース・エマーソン自伝』より、以下同）

そう言い訳をしている。

「まずは差し出されたマリファナを受け取り、リンというこの女性を私のホテルに連れ込んだ」

そして、コトに及ぶ。

「二人で私の部屋に落ち着くと、彼女は私をビンビンにさせ、イクまでにありとあらゆることをしたのだった」

キース自身が「ビンビン」と言ったとは考えづらいが、邦訳ではそう表現されている。

翌日は彼女に誘われて高級アパートを訪問し3Pにもトライしている。リンに友人の女性を紹介されたのだ。

「その友人女性は、私のうぶな目には、映画女優のように見えた。なぜなら彼女の胸は大きく、ウェストはスリムだったからだ。全てが、私の欲望のレベルをはるかに超えるほどのハイ・クオリティだった」

この先のキースはまるで童貞の少年のよう。

「リンは私を招いて、友人を喜ばせるように促した。言われた通りその友人を喜ばせている間、私は自分も満たされるべきなのかどうか疑問に思った。つまりこの女性にはめている間、その友人が目の前にいるわけで、こういう時に何かエチケットでもあるのかどうか、わからなかったのだ」

キースの欲望は尽きない。さらにその日のライヴの後も、女性たちの待つアパートを訪れる。

しかし、想定外のことが起きた。夜になると彼女たちのアパートには見知らぬ男もいたのだ。4人でやろう、と言われてキースはうろたえた。

「私のハーレムになるはずの場所で、別の男が毛深いケツを動かしているのなんて見たくもなかったから、私は〝いや、いいよ。俺はここに座ってビールでも飲んでいるから〟と言って断った」

キースはしょぼんと、ビールを飲み続ける。女性たちのオーガズムの声を聞きながら、じっと床を見ていた。やがて視界が曇り、涙が床を濡らす。

彼はそっとアパートを後にした。

EL&Pの女性〝共同使用〟ルール

下ネタ満載の『キース・エマーソン自伝』からもう少し紹介しよう。

ＥＬ＆Ｐの３人は結成当初から頻繁にけんかをしていた。このままではすぐに解散してしまう――。それを防ぐために、キースはついてくる女性は皆メンバー３人の〝共同使用〟にするというルールを設けた。バンドのけんかや解散の多くは女性が原因だと考えていたのだ。

この１９７０年にはビートルズが解散している。原因は、オノ・ヨーコやリンダ・イーストマン（後にポール・マッカートニーと結婚してリンダ・マッカートニー）がバンドのミーティングに介入したからだとキースは考えていたのだ。実際に、ジョンは、ビートルズのメンバーよりもヨーコの意見を尊重していた。ポールは、リンダの父親のリー・イーストマンをビートルズのマネージャーに推し、アレン・クラインを推す３人のメンバーと溝ができた。

そこで、ＥＬ＆Ｐの現場には妻も恋人も禁止にした。その代わり、バンドに近づいてくるほかの女性は３人の共有というルールを作った。

「〝共同使用〟というルールは、ある意味で理想的に思えた。なぜなら第一に、それで他の女と真面目な付き合いをしないですむかもしれず、また第二に、ロックンロールの〝精力〟を腐らせないですむ（略）からだ」

このようにキースは自分に都合のいい理屈を語っている。そもそも、この時期、キースの妻のエリノアは妊娠中で、ツアーに付いて来ることはなかった。

そんな時期にEL&Pの3人の前にローズマリー・P・ハミルトンという女性が現れる。EL&Pは彼女を大歓迎した。コインを投げ、負けたカール・パーマーの部屋を使い、3人は交替でローズマリーとの行為に没頭した。

キースの自伝によると、カールは賭けにめっぽう弱いらしい。また俺の部屋かよ、と不満を表しながら自室にあるドラムスのキットを片づけるカールの姿を想像すると笑える。

「ローズマリーはとても器用だった。ペニスのお世話となったら、彼女はフェラチオと手コキとを同時にできたのだ」

つまり、彼女はEL&Pの3人を同時に満足させる技術を持っていた。

移動するバンのなかでも3人同時に彼女のお世話になった。EL&Pは「挿入」「フェラチオ」「手コキ」と書かれたクジで順番を決めた。フリーウェイを走っていると、年金受給者の遠足バスが並走した。

「彼女が私の膝の上で喜んで上下にバウンドしている様子がよく見えたことだろう」

お年寄りたちは血圧が急上昇したかもしれない。

翌年のイギリス・ツアーにもローズマリーはやってきた。ＥＬ＆Ｐは喜んで彼女をバックヤードに招待する。

しかし、彼女にはすでに恋人ができていた。

「それを聞いたエマーソン・レイク＆パーマーの心は傷ついたのだった」

そうキースはつづっている。

くり返しになるが、ＥＬ＆Ｐは、イエス、ピンク・フロイド、キング・クリムゾンと並びプログレッシヴ・ロック史を代表するスーパーバンド。グレッグとカールは後にエイジアでも活躍し、グレッグはＥＬ＆Ｐの前にはキング・クリムゾンにも在籍していた。３人とも正真正銘のレジェンドなのだが――。

キースによると、女性を相手にしたときのグレッグはかなり激しかったらしい。

「彼は普段、舞台ではゆっくりとした物腰で振る舞うが、そこからは想像もつかないほどに、強烈に腰を振っていた」

そう暴露している。

「機会さえあれば〝ヤレそうな〟女を連れてくるのは楽しいことだった」

彼らはそのバックヤードで、セックスを覚えたての高校生のような行為を連日行っていたのだ。

なぜ3人はいつも同じ部屋で一緒にやっていたのか、それは書かれていない。見せたかったのか。見られたかったのか。自伝を読んでも、さまざまな音楽雑誌に目を通しても、EL&Pは仲がよかったとは考えづらい。

だから、共同使用ルールはあったものの、そのルールを破るメンバーもいた。手に入れた女性を相手に自分一人だけ楽しんだのだ。それがわかると、〝こそこそレイク〟とか〝こそこそパーマー〟などと罵られる。そして汚名を返上するために〝貢ぎ物〟の提供を強いられた。なんて子どもっぽいプログレのレジェンドたちなのだろう。

日本でソープ体験

EL&Pはもちろん日本にもやってきた。1972年の初来日では当時読売巨人軍がホームグラウンドにしていた後楽園球場に3万5000人のファンを集めている。関西では、阪神タイガースの甲子園球場でコンサートを行っている。

この2公演はロックファンの間ではいまも伝説として語られている。

7月22日の後楽園球場公演は大雨に見舞われ、キースは豪雨のなか水たまりに仰向けになってキーボードを弾いた。24日の甲子園球場公演では興奮した観客がステージに押し寄せ、メンバーはライヴ中に退散した。逃げ遅れて一人でドラムスを叩き続けたカールは、キースとグレッグに激怒している。

キースは妻のエリノアを伴っての来日であるにもかかわらず「ソニーの工場でミーティング」だと嘘をつき「日本の風呂屋」(ソープランドのこと。当時は「トルコ風呂」と言った)を体験。その思い出も自伝に書かれている。

「私が浴槽に座って、新しい歯ブラシで歯磨きをしていると、その間にエア・マットレスが膨らまされ、そこが石鹸の泡で浸された。私はその間、その個室にある滝を眺めていた。最高のオーガズムを得られたわけではなかったが、彼女がしてくれたありとあらゆることへのお礼として、イクことは礼儀だろうと思った」

妻の目を盗んでソープで性欲を解消しただけなのに、キースは妙にクールに出来事を回想している。

さらにキースは、一人の女性ファンと直接出会い、彼女の初めての性体験の相手もしている。

東京でＥＬ＆Ｐが宿泊したのは赤坂のヒルトンホテル。現在のザ・キャピトルホテル東急だ。滞在中、ロビーに降りるといつも出待ちしている若い女性がいた。自伝によると、彼女を気にしているキースにファッションデザイナーの山本寛斎が気づいた。キースの挙動がおかしかったのだろう。寛斎は察して動いた。彼女をつかまえ、キースと会うことを交渉した。そつがない。

キースと彼女は寛斎の自宅で対面する。そして、ホテルにアテンドされた。

「ユングフラウ」

彼女はささやいた。ドイツ語で処女のことだ。なぜドイツ語で打ち明けたのか、理由は不明だ。彼女は動揺していたが、キースも動揺した。

彼女の心配は、自分の抜け駆けをＥＬ＆Ｐファンの仲間に知られることだったらしい。知られたら殺される、と言った。

〝儀式〟を終えると、彼女は人目に付かないようにホテルの裏階段から去った。キースがシーツを見ると、鮮やかな赤で染まっていた。

18年後の１９９０年、ＥＬ＆Ｐはすでに解散し、ザ・ベストというバンドで来日したキースは、ファンからの贈り物のなかに見事なフラワーデコレーションを見つけた。感激したキースが贈り主に電話すると、翌日直接挨拶したいと言われた。なぜだ――。不安を感じながらも、メディアのインタビューの間に数分の面会に応じた。

そこに現れたのは18年前の彼女だった。キースの記憶のなかに、1972年の夏の夜の出来事が鮮やかによみがえった。

「覚えてます？」

「もちろんだよ」

「あのとき私は、まだ若かったんです」

二人は短い会話を交わした。

「私はそれ以上彼女と関係を持つ気はなかったし、彼女の方にもその気はなかった。ただ彼女は、私と再会できて、しかも私が彼女のことを覚えていたので、嬉しかったのだろう。私も嬉しかった」

そうキースはつづっている。

2016年3月11日未明、アメリカ、カリフォルニア州サンタモニカの自宅でキース・エマーソンが亡くなっているのが発見された。頭部を自ら銃で撃っていた。発見したのは同居していた日本人女性だった。

グレッグ・レイクやカール・パーマーをはじめ、数多くのミュージシャンが追悼のコメントを寄せた。

余談になるが、2010年夏、筆者はキースにインタビューする機会があった。エヴァーグリーンになる音楽とは——について語ってくれた。

彼は、時代や国境を超えて聴き継がれる音楽は〝チューン〟を持っていると言った。気分のいいときにふと口ずさんでしまう音楽、キースはスーパーで買い物をしているときにでも、無意識にビートルズの曲を歌っているそうだ。それが、チューンなのだという。だから、ビートルズの音楽はエヴァーグリーンなのだと話していた。

彼はエヴァーグリーンを生むために、頭の中で歌を響かせながら曲を作っているそうだ。頭の中で歌っている声はいつもグレッグ・レイクだと言った。その歌を鉛筆で譜面に書いて曲作りをするという。

ピート・タウンゼンドはキース・ムーンの罠で性病に

ミック・ジャガーのように狩りをするかのごとく次々と女性と関係するアーティストもいれば、一方では本気で女性を好きになっても、なかなか想いが成就しないロック・

スターもいる。たとえば、ザ・フーのピート・タウンゼンドだ。

ピートは1945年にロンドンで生まれた。都会っ子だ。1964年に、ロジャー・ダルトリー（リード・ヴォーカル）、ジョン・エントウィッスル（ベース）、キース・ムーン（ドラムス）とともにザ・フーを結成し、シングル曲「アイ・キャント・エクスプレイン」でデビューした。

ピートはバンドのギタリストであるだけでなく、メインコンポーザー。つまり、ほとんどの曲を書いている中心的人物で、世界中のアーティストからリスペクトされている。しかし、音楽のクオリティとプライベートは別らしい。ピートは、恋愛はなかなかうまくいかない。奥手なのだ。フラれる覚悟で女の子を追いかける勇気を持てなかったことを自伝で打ち明けている。

『ピート・タウンゼンド自伝』もキース・リチャーズ、エリック・クラプトン、キース・エマーソンの自伝と同じように率直系。恥ずかしいことも打ち明けられている。しかも、17年もかけて書かれた大作だ。

ピートの自伝の特徴はトホホの体験が多いことだろう。世界的なロック・スターだから、抜群の女性と関係するチャンスはある。しかし、微妙なプライドの高さや中途半端な道徳心がじゃまをする。そのため、未遂に終わることも多い。

１９６７年のアメリカ・ツアー中、ピートはプールでくつろいでいた。すると、ビキニ姿のブロンドの娘が近づいてきてそわそわし始めた。期待に胸が高まるピート。そのとき、バンドのヴォーカリスト、ロジャー・ダルトリーが現れて腕をつかみ、プールのはじに連れて行かれた。

「あんな子供とシケこんだら刑務所行きだぜ！」（『ピート・タウンゼンド自伝』より、以下同）

彼女は明らかに未成年だったのだ。ピートは大人と子どもの区別がつかなかった。

１９６８年のカナダ・ツアー中のトロントで、若いクレイジーな女の子がバックヤードにやって来た。アルコール依存症でドラッグ依存症のドラマー、キース・ムーンはさっそく彼女を裸にして、椅子に縛り付け、みんなの前でレイプごっこを始める。頭が変だとしか思えない。見かねたピートはキースを制止した。女の子を救うべきだと思った。きわめて正常な判断だ。

ところが、思いもよらぬ展開になる。実はその女の子もレイプごっこを楽しんでいた。狼狽するピート。彼女によってピートはその場から追い払われる。よかれと思ってした行いで嫌われた。

翌日、エドモントンのホテルの部屋にいると、誰かがドアをノックした。開くと、昨夜の女の子だった。彼女がさばけた性格であることは、すでにわかっている。ピートは喜んで彼女を部屋に招き入れ、セックスをしまくる。

ところが、これは罠だった。彼女の訪問は、キースと、ベーシストのジョン・エントウィッスルのたくらみだったのだ。

「なんでピートはグルーピーの前であんなに気取ってるんだと腹を立て、彼女に百ドル払って淋病を移させようとしていたらしい」

仲間二人の罠に、ピートはまんまとはまる。

「その子は最高だった。セックスはすばらしかった。もちろん病気にかかって注射を打たれたが、怒るわけにはいかなかった――」

キースとジョンの思惑どおり、ピートは性病になってしまう。ところが、ピートは喜んでいる。

「だってこれこそロックンロールにつきもののお遊びなのだし、私も仲間に入れてもらえたようで、ある意味うれしかったからだ」

グルーピーとセックスをして性病になってこそロック・スターだという記述は理解しがたい。

ピートはこの年、ずっと交際していたカレン・アストリーという女性と結婚した。

まじめなのかストーカータイプなのか

ピート・タウンゼンドという人は、乱れているのか、まじめなのか。おそらく、その両方なのだろう。恋愛には不器用だ。乱れたいのだけど、本質的なまじめさがじゃまをしてしまう。

1975年のアメリカ・ツアーでは、キースの部屋から追い出されたドナ・パーカーというグルーピーを部屋に招き入れる。ピートにはもちろん下心はある。しかし彼女は着衣のままベッドに横になり、そのまま寝息をたてはじめた。

「だからこっちは股間をギンギンに勃起させたまま、一晩じゅう、絶対に手を伸ばしたり触れたりしないぞと自分に言いきかせるハメになった。彼女のカラダはそれほどすばらしかった」

翌朝、ホテルのフロントスタッフは二人を見て顔をしかめる。ピートがグルーピーかコールガールを連れ込んで部屋でセックスをしまくっていたと思ったのだろう。

しかし不本意にもピートは何もしていない。彼は、自分のそういうところに不満を持っている。ロック・スター的ではないと思っている。

そのとき、ホテルのフロントスタッフに、ドナが大声で言った。

「あたし、この人が〝ママ、助けて〟って叫ぶまで、五回もファックしてやったんだから！」

この態度をピートは思い切り歓迎した。彼女はロック・スターとしてのピートのプライドを守ってくれたのだ。このドナとは長く友だち関係が続くことになった。

1980年には女優のテレーザ・ラッセルに熱を上げた。テレーザは、ニコラス・ローグ監督作品『ジェラシー』で、サイモン&ガーファンクルのアート・ガーファンクルと激しいベッドシーンを演じた。この映画にザ・フーの代表曲の一つ、「フー・アー・ユー」が使われたので、ピートは音楽プロデューサーのクリス・トーマスと試写会に出かけ、夢中になったのだ。

しかし、テレーザはニコラスと恋愛関係にあった。

ピートはニコラスに用事があるふうを装い、テレーザを誘い出すことに成功。二人でピンク・フロイドのライヴを観に行く。バックヤードではピンク・フロイドのロジャー・ウォーターズを紹介し、ピートはテレーザと仲よくなれたと判断した。

しかし終演後家まで送っても、ニコラスを愛しているテレーザはピートを部屋に入れない。

「ドアは金属的な音を立てて閉じられた。私は数回ノックしてからあきらめ、ぐったりとそのドアにもたれかかった。炎の槍で腹を突き刺されたみたいだった」

表現はアーティスティックだが、やっていることはちょっとしたストーカーだ。翌日テレーザのアパートに行くと、テレーザがニコラスと電話で口論しているのがドア越しに聞こえた。前の晩のことを報告したのだろう。ニコラスは彼女がピートと出かけたことをなじっているようだった。


ロッド・スチュワートはキース・ムーンの妻を尾行?


同じ年、ザ・フーはカリフォルニア州ロサンゼルスで7日間連続のライヴをやり、ピートはキャッシュで5万ドルを手にする。

そのロサンゼルスから移動したアリゾナ州テンペで、ピートはザ・フーのファンのモデルと知り合う。このときはホテルで彼女と一夜を過ごし、ピートは空港で彼女に哀願する。

「ダラスにも来てくれよ。頼む。チケットはこっちから送るからさ。だから電話番号を教えてくれないか」

　彼女はダラス行きを約束し、キスをして二人は別れた。

ところが彼女はダラスには現れず、5万ドルも消えていた。電話をしてももちろん彼女は出ない。

　しかしピート・タウンゼンドは、転んでもただでは起きない。キース・リチャーズと同じように作品づくりに反映させる。さっそくこの夜に「ディド・ユー・スティール・マイ・マネー?」という曲をつくった。自分に起きたことをそのままのタイトルだ。

　このモデルの名前はローラ。ピートは17年後、ロンドンのウェンブリー・アリーナで彼女と再会する。後にピートと長くパートナーになるレイチェル・フラーと知り合いだったのだ。

　そのときに、5万ドルを盗んだのは彼女ではなく、彼女の弟の友だちだと知らされた。しかし、お金はもちろん返ってきてはいない。

ロックミュージシャンはツアーでかなりの期間家を空ける。旅先では、ワンナイトの関係もある。ピートの場合は、自宅にいるときにも作品づくりに没頭するので、夫婦関係は冷めていった。

自伝によると、1979年のある夜〝奇跡的〟に妻のカレンと同じベッドにいたピートは、彼女にたずねた。

「今でも俺のことを愛してる?」

「そうは思わない」

妻は答えた。正直な女性だ。

ピートは次の質問をした。

「ほんの少しでも?」

「少しは愛してるかも」

このやり取りからも新曲が生まれた。タイトルは「ア・リトル・イズ・イナフ」。

「いつも、自分の書くラヴ・ソングは最悪だと思ってきたけれど、これは、私が作ったなかで最高の一曲だと思う」

彼はそう綴っている。どんな状況でもそこから作品を生む。一級のアーティストだ。

ちなみにピートには、カレンと結婚する前、自分の行いは棚に上げ、彼女が浮気をしているという妄想に苦しんでいた。その体験から生まれた曲が初期のヒット曲「恋のマジック・アイ（I Can See for Miles）」だ。

この曲の歌詞には、キース・ムーンの体験も加えられているという。自伝によればキースと17歳のときに結婚したモデルのキム・ケリガンは、一時期、ロッド・スチュワートに尾行されていた。ピート自身の妄想、そしてロッドの尾行行為、こうした偏執的な心を「恋のマジック・アイ」に反映させたという。

スティングの失恋と一度目の結婚

音楽のことも私生活のこともありのまま語っている自伝がある一方で、私生活にはあまり触れず、音楽的キャリアを軸に書かれている自伝も多い。

スティングの自伝『スティング』（スティング著／東本貢司訳／ＰＨＰ研究所刊）には、彼のキャリアがきちんと記録されている。音楽家としての歓びや苦悩がつづられている。そこには、スティングというアーティストの知性、光と影の〝光〟が見事に切り取られて、活字になっている。良書なのだが、読者は贅沢なものでアーティストのもっとエネルギッシュなところ、生々しいキャリアも知りたくなる。人に裏切られ、裏切るようなこともあったのではないか。モテまくってきたはずなので、女性を傷つけたことも100回や200回ではないだろう。

ヴォーカリストでベーシストのスティングは、1951年にイギリス、イングランドで牛乳店の息子として生まれた。アンディ・サマーズ（ギター）、スチュワート・コープランド（ドラムス）とともにバンド、ポリスを結成。1978年にデビューアルバム『アウトランドス・ダムール』を発表した。

スティングも、1980年代の記事にはおおらかな記述があった。1986年に発行された『ベース・マガジン VOL.4』（リットーミュージック）ではスティングの特集が組まれている。そのなかのコラム「G.M.サムナーという男」ではデビュー前の失恋について自ら語っている。ゴードン・マシュー・サムナーが、スティングの本名だ。

彼が17歳のころ、彼の前に二人の女性が現れた。一人は美しいけれど知的ではなく、もう一人は校長先生の娘だったという。

「僕は2人の女性を心から愛した。ひとりは肉体的に、ひとりは知的に。でもふたりめの女性には他に男ができてフラれてしまったんだ。そんなことは初めて、自分がそれまでしてきたことをやり返されている感じだったよ。屈辱的だった」（『ギター・マガジン』１９８６年8月号増刊『ベース・マガジン VOL.4』より、以下同）

このころは、ポリスを解散し、ソロ活動をスタートさせた時期。すでにスティングはスーパースターだった。にもかかわらず語られている失恋の話に、多くの読者は好感を持ったのではないだろうか。

スティングの最初の妻、女優のフランシス・トメルティについても語られている。二人は、スティングが23歳のときのユニバーシティ・クリスマス・ショーで出会った。終演後、スティングは彼女の部屋でセレナーデを奏でた。

『スティング』

「大観衆相手でも同じことなんだ。すべての小鳥ちゃんたちにセレナーデを聴かせてやれば、彼女たちは体を提供したがるってわけさ」

その出会いから1年半、週末ごとにデートを重ねた二人は、１９７６年5月に教会で挙式する。そのとき、フランシスのお腹の中には新しい命があったと書かれている。

演奏する音楽の激しさと同じように性生活の激しさも告白しているのは、ミック・ジャガーやトッド・ラングレンを制してモデルのベベ・ビュエルに子どもを産ませた、エアロスミスのスティーヴン・タイラーだ。

『スティーヴン・タイラー自伝』は、彼の性体験満載の1冊。ミック・ジャガーにはおよばないかもしれないが、キース・エマーソンをもしのぐレベルだ。

「ショーの最前列に陣取ってる、ピチピチのタンクトップ姿の、ロケットブースターみたいに乳首を突き出したギャルたちをギロギロと見渡す。それが俺の仕事だからな。ステージ上の俺の仕事はセクシーであること、それが俺だ！」（同書より、以下同）

「俺は口でするのが好きだから、清潔なのがいい。まあ当時は、淋病をもらうこともあったかもしれないが、ペニシリンの注射を1本打てば……万事オーケイだ」

「俺は彼女の家に行き、裸で、鞍もつけないで、一晩中メス馬に乗ってた。まるでお話の本から抜け出したみたいに」

このような記述が同書にはたくさん書かれている。〝鞍〟とはコンドームのことらしい。

新聞少年だったジーン・シモンズは集金先で初体験

キッスのジーン・シモンズも『KISS AND MAKE-UP ジーン・シモンズ自伝』で、性体験を赤裸々に語っている。

この人には２０１７年に六本木のザ・リッツ・カールトン東京でインタビューしたことがある。実際に対面すると、とにかくでかく感じた。高いヒールの靴を履くと２メートルを超える。そのときはキッスのあの悪魔のようなメイクはしていなかったが、素顔でも十分に迫力がある。

インタビューの内容はもちろん音楽についてだが、ちょっと油断をすると下ネタを始める。あとはビジネスの話。女性とお金が大好物という印象だ。メディアを通してのイメージ通り。サービス精神ゆえだろうが、期待を裏切らないキャラクターだった。

ジーンは１９４９年にイスラエルのハイファで生まれている。ハンガリー系のユダヤ人だ。父親の浮気が原因で両親は離婚。１９５８年に母親と二人でアメリカ、ニューヨークに引っ越した。

ベーシストでヴォーカリストのジーンは、１９７３年にポール・スタンレー（リード・ヴォーカル、ギター）、エース・フレーリー（ギター）、ピーター・クリス（ドラム

『KISS AND MAKE-UP ジーン・シモンズ自伝』

ス）と全員が顔に白を基調とした悪魔や獣のペインティングをしたバンド、キッスを結成。1974年に『キッス・ファースト 地獄からの使者』でアルバム・デビューした。

ジーンは13歳のころ、アルバイトで新聞配達をしていた。いわゆる新聞少年だ。1960年代のニューヨークに新聞配達があったことにも、その仕事をジーン・シモンズがやっていたという事実にも驚かされる。

ジーンが童貞を失ったのは、集金先の家だった。

「突然、女は俺にのしかかってきた。俺は長椅子の上にのびた。今でも、いったいどうやってズボンまで脱がされてしまったのか思い出せない」（『ジーン・シモンズ自伝』より、以下同）

しかし、女性は容赦しなかった。

「俺は掌を外側へ向け、両手を肘から曲げていた。ちょうど、迫ってくる自動車に向かってするように、イヤイヤをしていた。そして、突然それは終わった。女はおこづかいをくれた。俺は玄関から外へ出た。その最中もその後も、恐怖に震えていた。それからその女と会うときは（略）、金をもらうと走って出た」

後の〝地獄からの使者〟はイヤイヤをしているうちに犯されたのだった。

やがてジーンは、クラスメートの女子からも求められる。ただし、彼のケースはちょっと変わっていた。いわゆるセックスよりも、クンニリングスを求められたのだ。

キッスのライヴを観たことがある人はご存じだと思うが、パフォーマンスの一部は歌舞伎からヒントを得ている。ジーンは炎を噴き、血を吐く。吐血する際、ジーンは異常に長い舌をだらりと垂らす。演奏しながらも、長い舌をベロベロと見せる。ポートレートの撮影でもいつも舌を垂らしている。

舌は子どものころから長かった。クラスメートの女子に頭を抱えられて股間に導かれたとき、性体験がなかったジーンは、クンニリングスを求められていることが理解できなかった。女性器に頭を入れられるのではないかと恐れた。もちろんそれは誤りで、彼女は長い舌で女性器をなめてほしかったのだ。

「ねぇ、ジーン……その舌、ちょうだい……」

クラスの女子のリクエストに応え、自分の舌がセックスにおいて武器になることを知った。それ以来現在にいたるまで、ジーンは舌をベロベロさせている。女性への性的なアピールらしい。

ポール・スタンレーは近所の奥さんと初体験

キッスのポール・スタンレーも『ポール・スタンレー自伝 モンスター～仮面の告白～』（ポール・スタンレー、ティム・モーア著／迫田はつみ訳／増田勇一監修／シンコーミュージック・エンタテイメント刊）で、ハイスクールに通っていた年齢での自分の初体験を打ち明けている。

ニューヨーク出身のポールの初体験の相手はサンディという近所の奥さん。彼女は当時20代半ばで、3人の子どもがいた。ポールは彼女ともその夫とも親しくしていたが、夫が家を出てしまう。妻は寂しさを紛らすために、ポールを家に呼び、ベッドに誘った。

「セックスのテクニックなんて俺の中にはまるで存在していなかったけれど、その熱意はサンディも気に入ってくれたはずだ。まさに人間削岩機状態だったんだから。あるいはラヴ・ガンというべきか」（『ポール・スタンレー自伝』より、以下同）

ポールはまだ10代。はちきれんばかりの性欲だった。〝ラヴ・ガン〟とはキッスの代表曲の一つ、「ラヴ・ガン」にたとえているのだろう。

その後もポールは彼女の家に入り浸る。

「彼女の家のドアはうちからほんの数歩。今やそのドアは、俺がこれまで経験したことのないようなスリルに満ちたセックスの遊園地の入口となっていた」

ポール・スタンレーの親は息子の変化に気づいていたようだ。

「正直な話、スタン、いったいどうなってるの？」

母親に問い詰められている。

「母さん、彼女には色々問題があるんだよ」

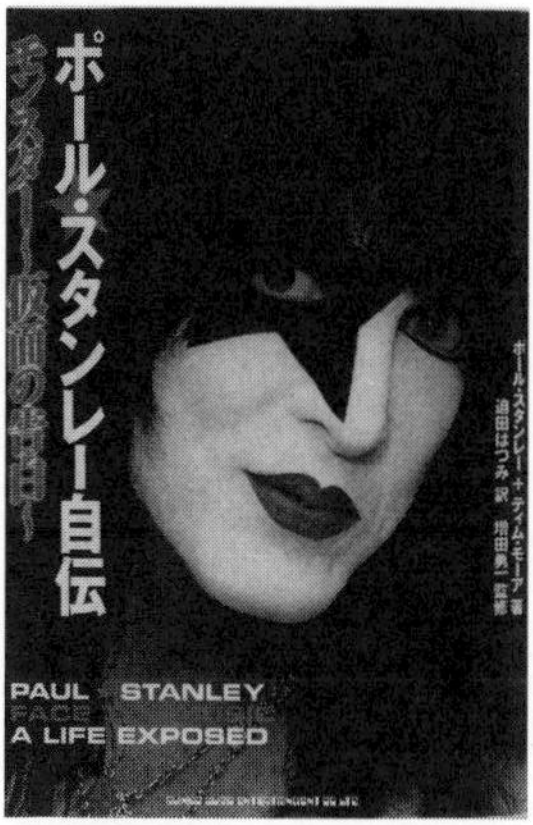

『ポール・スタンレー自伝 モンスター〜仮面の告白〜』

ポールはごまかしていた。

「若い男の自分には年上の女性に魅力的に映る何かがある、と理解した途端、俺の状況はがらりと変わったよ」

思春期を迎えたころ、ポールは親から、セックスは異常で不潔な行為だと教えられていた。父親からは、誰かを妊娠させたら家から追い出すと言われていた。そして、その教えに縛られていた。ところが近所の奥さんに押し倒された体験によって、セックスが快楽だと知ってしまう。

「1度手に入れたらもう、気に入ったのなんの」

無邪気に喜んでいる。

キッスは苦労した時代が長く、衣装やメイクにコストがかかるので、デビューしてもしばらくは経済的に苦しい生活を送っていた。2枚目のアルバム『地獄のさけび』のころ、ポールはまだニューヨークの親元で暮らしている。

ツアーが終わると、ポールは恋人を連れて帰った。しかし、家に自分の部屋はないので、リビングの壁に沿って置かれたソファでガールフレンドと抱き合って眠る。隣は両親の寝室だ。

「昨夜はよく眠れた?」

朝、ポールは母親に無邪気に聞く。

「あんまり」

母親は答える。眠れるわけがない。

「ソファーが壁に何度も当たるものだから」

自伝を読む限り、理解しがたい親子関係だ。

念のためことわっておくが、「性」の章なので、ここではポール・スタンレーの性体験について書いた。しかし『ポール・スタンレー自伝』を読む限り、彼の頭の中はかなりクールだ。キッスのビジネス戦略についても具体的に書かれている。そしてなによりも、ポールは自分をかなり客観視できている。彼は次のような自己認識を述べている。

キッスは音楽的レベルが高くはない。レッド・ツェッペリンのような本物のロック・バンドにはかなわない。だから、メイクが必要だった。しかし、メイクがあるからこそ、物販で大儲けできる。そして、自分はギターがうまくない。上達できる才能もない。エース・フレーリーにはかなわない。だから、自分はサイド・ギターに徹する。才能に恵まれていないからこそバンド全体を考えて自分の立ち位置を決め、総合力でレベルアップしていく。

こうしたことが具体的、現実的に語られていく。経営者的な発想なのだ。ポールの自伝はビジネス書的な感覚で読むこともできる。

相棒のジーン・シモンズもビジネスに関する意識が強い。２０１７年にインタビューしたときも、キッスでの活動のほかに、ソロ活動の高額なボックスセットをつくっていた。実現したかどうかはわからないが、ジーン自身が購入者の自宅に届けるというオプションについても語っていた。

さらに、十数件のレストランチェーンを経営。自分のロゴを清涼飲料水のボトルに印刷してロイヤリティを得るビジネスも展開していた。

ただしポールの自伝によると、ジーン・シモンズは自分を第一に考えるタイプらしい。スタンドプレイが多いそうだ。それは一人っ子だからではないかと、推測している。キッスの初期に、ジーンはポールに見つからないように、単独でヴァン・ヘイレンをプロデュースしようとしていたという記述がある。

来日公演の夜は好き放題

『ジーン・シモンズ自伝』にはキッスのツアー中の、セックス体験自慢が多い。アメリカでのツアー中のこと。ホテルの部屋の前に二人の女性が立っていた。姉妹だった。

「ふたりとも俺が目的だった。きれいな方は、ひと目で妊娠中とわかった。おかまいなしだった。ひんむくと、シャワーを浴びさせた。その夜は、ふたりが相手だった」（『ジーン・シモンズ自伝』より、以下同）

別の街では、部屋のドアを開けると、美しい女性がいた。18歳くらいだった。

「こちらも早速ひんむき、ことにおよんだ」

すると、誰かがドアをノックする。

「ちょっと今取り込み中なんだ、帰ってくれ！」

ジーンは怒鳴る。しかし、去った気配はない。しかたがなく、ジーンはドアを開けた。

こういうところは妙に人がいい。

ドアの外には、40代前半くらいの美しい女性が立っていた。

「その子の母です……」

彼女の言葉に、ジーンは目をむく。ところが、母親は娘を取り戻しに来たわけではなかった。

「お楽しみに加えてくれというのだ。思わず娘の方を見ると、ニッコリしてうなずいた。人生というのは、わからんものである」

日本での体験もリアルに書かれている。

１９７７年の初来日公演についてはとくに克明に語られている。空港には約５０００人のファンが集まっていたこと、弾丸のように走る新幹線など、驚きの連続だったようだ。このときのライヴはNHKの音楽番組『ヤング・ミュージック・ショー』で放送され、大変な話題になった。

ジーンはもちろん日本人女性と次々と関係した。

「手当たり次第、濡れ手で粟《あわ》だった」

日本人女性は新鮮だったらしい。

「日本の女は、いくときに奇妙な声を発するのも面白かった。クライベイビーというか、赤ん坊が泣き叫ぶような声なのだ」

美しく長身の日本人の女優、あるいはモデルとの一夜もふり返っている。

「何とかホテルへ連れ込んだ。しめしめと思った俺は、何か話そうとした。その瞬間、俺は愕然とした。女はひとことも英語がしゃべれなかったのだ。とはいっても、俺のやることに英語も何も関係なかった」

翌日、彼女が日本で有名なスターであることを知る。帰国すると、オフィスに彼女の写真が掲載されている雑誌の切り抜きが送られてきた。

「ジーン・シモンズとのアツい一夜」

雑誌には書かれていた。

「あれはいい女だった」

ジーンは喜んでいる。

このあたりのエピソードは少し盛られている印象もあるが、『ジーン・シモンズ自伝』にはしっかりと書かれている。

キッスの初来日では、前述のＥＬ＆Ｐのキース・エマーソンと同様、ソープランドに通ったことが『ポール・スタンレー自伝』に書かれている。

「俺達はいくつもの豪勢なパーティに出席し、日本のソープランドにも定期的に通った。ああいう店で雇われている女性には、こっちが服を脱いだ途端、腕や足の数が増えているんじゃないだろうか、と思わせられたね。彼女たちが俺にしたのと同じことが自分でも出来たなら、俺は家から出ないよ」

理解しづらい記述だが、つまり徹底的にサービスをしてもらったということなのだろう。

ジーン・シモンズの自伝で驚かされたのは、ダイアナ・ロスとの恋愛についても、実名で書かれていることだ。ただし、このエピソードに関してはリスペクトが込められており、上品に描写されている。ベッドでのエピソードはなく、コーヒーを入れてもらった話とか、チョコレートケーキでもてなされた話とか、一緒にラケットボールをやった話とか、ダイアナとのエピソードだけが、まるで淡い初恋のように書かれている。

　さらに、カーペンターズのカレン・カーペンターをナンパしたエピソードもある。どこの街かは書かれていないが、ジーンと同じホテルに偶然カレンも宿泊していた。さっそく電話をかける。そして図々しくも部屋を訪ねていく。ところがカレンは、ジーンが想像していたよりも優しく、か細い女性だった。

　ナンパしに行ったはずが、男の性欲のしくみについて、カレンにまじめにレクチャーする。

「俺は誰にも深入りしたくないので毎日毎日女を取っかえ引っかえしているのだと、わかってくれたようだった」

　それで満足して、ジーンは戻っていった。自室に別の女性を待たせていたのだ。

Ⅱ

薬

ドラッグは必要悪？

音楽を続ける上でドラッグを必要としていたアーティストは多い。さまざまなドラッグの力を借りることによって世界中で名曲やとんでもないパフォーマンスも生まれたことは否定できない。

その一方で、ドラッグによって命を落としたアーティストは当時も今も多い。ジミ・ヘンドリクス、ジム・モリソン（ドアーズ）、ジャニス・ジョプリン、ブライアン・ジョーンズ（ローリング・ストーンズ）、ジェリー・ガルシア（グレイトフル・デッド）、ジョン・エントウィッスル（ザ・フー）、トミー・ボーリン（ディープ・パープル）、ホイットニー・ヒューストン、エイミー・ワインハウスなどの死が薬物と関係していると報道されてきた。

ドラッグはロックミュージシャンにとって、必要悪だったのだろうか――。

「他の連中のことは言えないけれども、僕にとってはドラッグは切っても切れない一部だった、それこそ最初から最後までね。そしてドラッグをやってるときの状態の一部として、自分は不死身だと思いはじめるというのがあるんだ」

レッド・ツェッペリンのギタリスト、ジミー・ペイジは『奇跡 ジミー・ペイジ自伝』

（ブラッド・トリンスキー著／山下えりか訳／ロッキング・オン刊）でそう語っている。
ジミーは1944年ロンドン出身。セッションギタリストとして活動した後、1966年にヤードバーズに参加。解散後の1968年に、ロバート・プラント（ヴォーカル）、ジョン・ポール・ジョーンズ（ベース）、ジョン・ボーナム（ドラムス）とともにレッド・ツェッペリンを結成。

『奇跡 ジミー・ペイジ自伝』

「あり得ないほどいかれた話をひとつしてあげよう。ある夜、ニューヨークで9階の窓から這い上がって、ほらエアコンがよく付いてるだろ、ああいうのの上に座って街を眺めおろしてたんだ。僕はそのとき一人きりで、こういうことやるのも面白いかもなぁと思ってやったのさ。まるで思慮のかけらもない行動だよ」（『ジミー・ペイジ自伝』より、以下同）

　一つ間違えると真っ逆さまに転落する。マンハッタンの路上にジミーの死体が転がることになったかもしれない。ドラッグは人をふだんと違う感覚にする。恐怖も薄らぐ。

「いや、こうして今もここにいて笑っていられるのはありがたいことだけどさ、無責任きわまりなかったよな。あのとき、大勢の大切な人達をあとに残して死んでたかもしれないんだ。そういう犠牲者はたくさん目にしてきたよ」

ドラッグから生まれた「ヘルプ」

ジョン・レノンは著書で、脳神経系に幻覚をもたらす半合成のドラッグ、LSDを初めて体験したときのことを打ち明けている。

「ロンドンの歯科医が、自分の家で開いたパーティの席上、私たちには内緒で、ジョージと私、それに、彼と私の妻に、飲ませてしまったのです」（『ビートルズ革命』より、以下同）

歯科医は、ジョンやジョージ・ハリスンの飲み物にLSDを混入させた。その後、みんなでアド・リブというディスコに出かけたという。

「〈アド・リブ〉へいったときには、もうLSDがきいていて、そのため、そこが火事で燃えているように見えたのです」

しかし、幻覚だった。

「火事ではなくて、じつはその店の初日なのでそんなに明るいのだろうと思ったのですが、ほんとうは、外にあるごく普通の明りだったのです。いったいなんだ、なにがおこっているのだ、と考えながら、街路でさわいでいると、人々が、さあ、窓をこわそう、と叫ぶのです。私たちは、ほんとうに、狂っていました。頭が、まったくどうかしてしまっていたのです」

LSDによる幻覚はひと晩中続いた。ディスコを出たジョンは、ジョージの運転で自宅まで送られた。

そのクルマはゆっくりと走っていたにもかかわらず、ジョンには疾走しているように感じられた。車中でジョージの当時の妻、この本でクラプトンが恋焦がれた女性として紹介してきたパティがクルマから降りてフットボールをしよう、と言った。ラグビーのゴールが3つ見えたらしい。

その夜、ジョンは画を描いた。4つの顔の画だった。4つの顔は「私たちはみんなあなたに賛成です」と言っているようだった。

2度目のLSD体験はアメリカ・ツアー中のカリフォルニア。メンバーのジョージ、リンゴ・スターとともに『二人でお茶を』『知りすぎていた男』などで知られる女優、ドリス・デイの家に滞在しているときだった。そのときの体験から書いた曲が「シー・セッド・シー・セッド」だ。

後に『イージー・ライダー』等で人気が出た俳優、ピーター・フォンダもその場にいて、ジョンの耳もとで「死ぬとどんなふうになるか、私は知っている」とささやき続け、そこから歌詞が書かれたそうだ。

ジョンはLSDを常用するようになる。

「なん年も、つづきました。私は、一、〇〇〇回ほどはトリップしたでしょうね」

その時期、ビートルズのなかではポール・マッカートニーだけはLSDをやらず、3人はポールを仲間外れにしていた。「私たちはLSDを飲むのに、きみだけは飲まない」という子どもっぽい態度をとっていたことをジョンは告白している。

しかし、やがてポールも体験し、4人の足並みはそろう。

「いちばんいかれていたのが、私とジョージでしょう。ポールは、私やジョージにくらべると、もうすこし安定しているのです」

ジョンは、他にもドラッグから曲をつくっている。たとえば、ビートルズ時代の「デイ・トリッパー」や「ヘルプ」はドラッグ・ソングとまで言う。

「『ヘルプ』は、マリワナでつくったのです。『ビートルズがやって来る ヤァ！ ヤァ！ ヤァ！』のときは、私はピルをやっていました。ピルは、ドラグです。マリワナよりも強い、ドラグです。私は、一五歳のころからピルをやっているのです、いや、一七歳か一九歳のころからです……ミュージシャンになって以来です。ハンブルクで一夜に八時間の演奏をおこなうという生活を生きのこるための唯一の手段は、ピルだったのです」

ドラッグはクラブのウエイターからもらっていた。

「アート・スクールでは、私は、まったくだめな酔っ払いでした。『ヘルプ』は、私たちが酒をやめてマリワナにかえたときのものです。そういうふうな、単純なことなのですよ。生きのこっていくためには、私にとってはいつもドラグが必要でした」

ドラッグを必要とする状況で、ドラッグが手に入る環境にいると、使ってしまう。そして、その力を借りて8時間演奏を行っていた。

こういう記述に触れると、ロック・スターにとってのドラッグは必要悪なのだと錯覚しそうになる。

ブライアン・ジョーンズの精神崩壊

ビートルズはデビュー時からローリング・ストーンズと交流していた。とくにジョン・レノンは、ミック・ジャガー、キース・リチャーズ、ブライアン・ジョーンズと時間をともにしていた。

すでに書いたとおり、ビートルズの作家チーム、レノン&マッカートニーに刺激されたストーンズのマネージャー、アンドルー・オールダムは、ミックとキースをストーンズの作家チームとして育てようと企てた。ねらい通りジャガー&リチャーズが曲をつくりヒットを飛ばし始めると、ブライアン・ジョーンズのプライドは傷つき、ドラッグに溺れるようになる。１９４２年にイギリス、グロスターシャーで生まれたブライアンは、バンドの創設者にしてリーダーだった。

ローリング・ストーンズのメンバーが本格的にドラッグをやり始めたのは１９６４年。アメリカ進出で訪れたニューヨークでの歓迎パーティーで、マリファナ、コカイン、ＬＳＤ、ヘロイン、モルヒネ、アンフェタミンなどありとあらゆるドラッグでもてなされた。

ストーンズが売れ始めると、ブライアン・ジョーンズの振る舞いは変わっていった。

「不思議な話だが、なぜかあいつはストーンズを自分のバンドだと思っていた。ブライアンの野心が初めて明るみに出たのは、ツアーでほかのメンバーより週に五ポンド余分にもらっていたのが発覚したときだ」

このように、キース・リチャーズは『キース・リチャーズ自伝』で回想している（以下同）。

「ふざけんじゃねえ、何様のつもりだ？　俺は曲を書いてるのに、お前だけ週に五ポンド余分にもらってるのかよ？　出てけ！」

キースは激怒した。

「大変なツアーが続いた次の二、三年、つまり六〇年代の半ばには、ブライアンはまったくあてにできなくなっていた。ドラッグでラリッたり、酔っぱらったり」

ブライアンはぜんそく持ちでもあり、ツアー中に発作を起こしてリタイアしたこともある。

「あいつ抜きで三、四回ギグをやった。俺が二役やったんだ。ストーンズの真骨頂は二本のギターにある。それがいきなり一本になったんだ。曲を演奏するため、それまでとは全然ちがう新しい方法を考え出さなくちゃならなかった。ブライアンのパートも俺がつとめなくちゃならない。くそみたいにハードな仕事だったぜ」

ブライアンはアンフェタミンの依存症になった。強い中枢神経興奮作用で今も日本では覚醒剤の一つとして禁止されているドラッグだ。そして、ストーンズのスタジオワークに参加しなくなった。ドラッグのダメージもあり、ミックとキースが作った曲を覚えることも難しくなっていく。

「あいつが気に食わなかったのは、たぶん、ミックと俺が曲を書き始めたからだ。立場を失って、面白くなくなったんだ。スタジオに来てミックと俺が書いた曲を覚えなくちゃならないのがプライドに障ったんだ」

ブライアンは暴力性が強く、女性を痛めつける習性もあった。ナンパした女性をよく殴っていた。

ブライアンの心と身体は崩壊していき、ついには恋人のアニタ・パレンバーグをキースに奪われる。ブライアンは彼女にナイフを投げつけたり、コールガールを呼んで乱交に参加するように命じたり、だれにも制御できない状況になっていた。傷ついたアニタをケアしていたのがキースで、やがてそれが愛情に変わった。

プールに沈んでいたブライアン

ブライアンがスタジオにも現れなくなり、バンドはブライアン抜きでレコーディングを行った。

「あいつがいないのが当たり前になりだした。現れたら奇跡だ。まともな状態でいるときは、頭の回転も動きも信じられないくらい速いんだ。まわりに転がっている楽器をつかんで、とてつもない音を生み出す。『ペイント・イット・ブラック』のシタール。『アンダー・マイ・サム』のマリンバ。ところが、その次の五日間、あのろくでなしはまた姿を見せない。まだレコード作りがあるっていうのに。セッションの手配をしたのに、ブライアンはどこだ？　誰も居場所を突き止められず、見つかったときはひどい状態だ」

1967年、ブライアンはドラッグの所持で懲役刑を言い渡される。翌日保釈されると、控訴中にもかかわらず10代の少女たちをナンパし、アパートでＬＳＤを与えて３Ｐを楽しんで殴った。少女たちは全裸のまま脱出。ブライアンは精神鑑定の後３年間の保護観察処分になる。

ストーンズは追い詰められた。ブライアンが収監されれば、ツアーを行うことはできない。ミックは彼をクビにしたい。それでも、なかなか決心ができずにいた。ブライアンはストーンズの創設者。人として壊れてしまっているとはいえ、一緒にバンドをやってきた仲間だった。

１９６９年になると、ブライアンのドラッグ中毒はさらに深刻になり、バンドとともにツアーに出る健康状態を維持できなくなる。6月、ミックはついに、キースとチャーリーを伴ってブライアンのもとに赴き、解雇を言い渡した。条件は10万ポンドの一時金。そしてストーンズが存続する限り、年間2万ポンドを渡すことも約束した。

ストーンズはブライアンに替わる腕利きのギタリスト、ミック・テイラーを加えて「ホンキー・トンク・ウィメン」をレコーディング。テイラーを加えたバンドでツアーに出ることを決めた。

その年の7月2日深夜、自宅のプールの底に沈んでいるブライアンが発見される。母屋の修理をしていた作業員やその恋人たちとプールで戯れた夜に一人沈んでいた。検死により、ドラッグとアルコールの過剰摂取が確認された。

「ほんとうに、なにも感じませんでした。またドラッグ状況の犠牲者が出たな、と思っただけです」（『ビートルズ革命』より、以下同）

ジョン・レノンはブライアンの死について回想している。

「初期のころは、とてもよかったのです。若くて自信がありましたから。こっちが見ている目の前で解体していってしまう男でした。よかったのですけれどね。ひらめきがあるとか、そういうことではなく、ようするに、いい奴だったのです」

〝解体〟という言葉は独特で、アーティストのジョン・レノンらしい表現だ。ドラッグとともにブライアンの精神は壊れていったことを指している。

「解体していくにつれて、年とともに変わっていきました。あの男から電話をもらうのはいやだ、という種類の男がいますね。面倒なこととか、なにかいやな事件などを電話で言ってくる男です。ブライアンは、最後にはそんなふうな男になってしまいました。ほんとうに、たくさんの苦痛をかかえこんでいた男です」

ジョンはクールに語っている。

ジョンとキースのドラッグ旅

ブライアン・ジョーンズについて自伝で辛辣に回想しているキース・リチャーズだが、この人ほどドラッグにまみれた人生を歩いてきた人はいないのではないか。１９７０年代以降、キースはロック界のジャンキーの象徴として語り継がれている。2022年の時点でなお生きて精力的にワールド・ツアーを行っていることはこの世の奇跡としか思えない。

キースはドラッグで何度も逮捕、起訴されている。そのエピソードを詳細に書こうとしたら本1冊では足りない。それゆえ、どうしてもかいつまむことになることは理解してほしい。

1973年、イギリスの音楽紙『ニュー・ミュージカル・エクスプレス』が「すぐ死にそうなロック・スター」のトップ10を発表。その第1位になったのがキースだった。その後も10年連続でチャート1位を守り続けた。

「笑っちまうな。十年連続でチャートの一位になったのはあれだけだったからな。ある意味、誇りに思っていたよ、あの地位を。あんなに長くあの王座に君臨できたのは俺くらいのもんだぜ。トップから落ちたときは、ほんとにがっかりしたよ。しまいには九位まで落ちた。なんてこった、もう死にたくなったぜ」(『キース・リチャーズ自伝』より、以下同)

死にそうなロック・スター・ランキングの順位が下がってかえって死にたくなるとは、

キースらしいブラック・ジョークだ。

　1960年代の終盤から死にそうなロック・スターのチャート1位に君臨し続けていたキースは、いく度となくそこから抜け出そうとしている。しかし、なかなか成果が上がらなかった。それには、いくつかの理由が見て取れる。まず、作品づくりにはドラッグが不可欠だと本人は思っていた。

「判断に影響を及ぼすことはない。ただ、物事に粘り強くなるって効果はあった。両手を挙げて、だめだ、思いつかねえなんて音をあげなくなる。クスリをやると、欲しいものがつかめるまでとことん探せたりする」

　キースはそう打ち明けている。

また、ドラッグのネットワークがあり、質のいいものが入ると、ついやってしまう。一緒にやる仲間もいる。

　ジョン・レノンと一緒にロンドンから旅に出たこともあった。ドラッグをやりながらハイド・パークをぐるぐる回り、郊外にあるジョンの自宅で最初の妻のシンシアと対面し、その後は二人とも記憶がない。朝になったら、イギリス南部ドーセット州にいた。

「ジョンは俺と張りあうように麻薬をやりたがることが何度かあった」

二人はニューヨークでもドラッグをやっていた。ジョンはあまりドラッグに強くなかったとキースは語っている。

「ジョンはかならずうちの便所《ジョン》で便器をかかえて撃沈した」

オノ・ヨーコにキースはたしなめられる。

「こんなことすべきじゃないのよ、彼は」

「わかってるさ。でも、無理にやらせたわけじゃねえ」

『キース・リチャーズ自伝』には、キースとヨーコのそんなやり取りも書かれている。

やがてジョンはトイレから出てきて、次を求めた。

別の日、一人でやってきたジョンはワインを飲み、またドラッグをやった。いつのまにか姿が見えなくなったので、キースがトイレをのぞくと、極彩色の吐瀉物とともに床にへばりついていた。

「動かさないでくれ。このタイルは美しい」

アーティストらしい発言だ。ジョンは土気色の顔でキースに訴え、やがて誰かに抱えられて帰っていった。

息子の死でドラッグの沼へ

キースは何度もドラッグを断とうとしたが、その都度失敗した。

「三日のあいだ全身の内と外が裏っ返しになるくらいの苦しみなんだ」

そう『キース・リチャーズ自伝』で打ち明けている（以下同）。

「ゲロ吐いて発狂寸前に陥る。身の毛がよだち、はらわたを激しくかきまわされ、手足が引きつって動きまわるのを止められず、ゲロ吐くと同時に脱糞し、目と鼻からクソが出てくる」

この記述を読むだけでぞっとして鳥肌が立つ。

パートナーのアニタ・パレンバーグがドラッグ中毒だったことも、ドラッグを断ち切れない理由の一つだっただろう。いつも一緒にいる家族がジャンキーだったら、いつまでもどこまでも続けてしまう。

1976年、二人に悲しい出来事が起きた。生まれてわずか2か月の次男、タラがベビーベッドで亡くなった。呼吸不全だった。

キースはツアーで不在。アニタは愛息の死に朝まで気づかなかった。

「アニタにまかせて、タラのそばを離れたのは自分の責任だ。アニタのせいだとは思ってない」

キースは言う。

しかし、アニタは自分の罪を痛感し、二人はドラッグに救いを求める。深く傷ついた二人は長男とともにさまざまな場所に移り住んだ。しかし、アニタは深い闇に沈んだまま、なかなか正気を取り戻すことができない。

深夜に叫び声とともに起きて、ガラス製のものを投げまくった。ドラッグを切らすと暴れ出し、キースは息子を連れて避難しなくてはいけない状況になった。母親の興奮が収まるまで、父子はじっと待ち続けた。

「アニタのことは心から愛してた。心底惚れてなかったら、あそこまで関わりあいになれるわけがない。何かがうまくいかなくて、その状況を立て直せなかったら、それは俺の責任だといつも思ってる。しかし、アニタについては状況を正せなかった。あいつはとことん自滅的だった。ヒトラーみたいに。自分ともども、ありとあらゆるものを破壊しようとした」

この時期、キースはドラッグの力を借りながらも、狂ったように仕事に打ち込んだ。スタジオにこもり、なんと9日間不眠で作業したという。

「当時のロンドンの知りあいがみんな、日ごと立ち寄ったが、俺にとっちゃただの長い一日だ。みんなは眠ってメシ食って歯を磨いているってのに、俺ときたらひたすら曲を書いて、自分の音を紡ぎ直し、ふだんの二倍、カセットにコピーしている」

9日目、目の前が血のカーテンに覆われる。転倒して、JBLのスピーカーに顔面をぶつけたのだ。そして、そのまま床の上で気絶するように眠り込んだ。翌日目覚めると顔に血がこびりついていた。

ベッドでロシアンルーレット

ローリング・ストーンズのファンの間ではよく語られるキースの伝説がある。身体からドラッグを抜くために、スイスで血液を総入れ替えしたというのだ。ロンドンのヒースロー空港に戻り、スイスへ依存症の治療に向かう際、追いすがる報道陣にキースは、これから血を入れ替えに行く、と言ったのが発端だ。

しかし自伝で本人は、はっきりと否定している。

「特別に本当のことを話してやろう。俺は血液を入れ替えたことなんて、いちどもないぜ！」

そんなキースがついにドラッグをやめたのは1977年頃のこととされている。この年、キースはヘロインの転売目的による不法所持で逮捕された。懲役刑の報道もあり、ストーンズ最大の危機の一つにあげられている。

このピンチを救ったのは、リタという盲目の少女だった。ストーンズファンの彼女はヒッチハイクで多くの会場に姿を現した。その存在を知ったキースは、彼女が移動しやすいようにトラックのドライバーたちに話をつけ、食事を得る手助けをしていた。

「あの娘はまったく恐れを知らなかった。あの子の話は楽屋で聞いてたし、暗闇で親指を立ててヒッチハイクしているのかと思うとたまらなくなった」

リタは目が不自由ながらも判事の家を探し当て、キースが自分をフォローしてくれていることをうったえた。その結果、無罪にこそならなかったが、ドラッグの治療に取り組めるように釈放する判決を下したのだ。

ただし、条件が一つ付いた。それは、目の不自由な人のためにコンサートを行うことだった。

この出来事をきっかけに、キースは時間をかけながらも、ついにドラッグを断つことに成功する。

裁判から1年ほど経ち、キースはミックにつきあって、パリのブローニュの森へ行く。ミックはそこで売人からコカインを手に入れた。

ところが、帰路バッグを開けると、中にはヘロインがつまっていた。それを見たキースは、雨のサントノーレ通りにバッグごと投げ捨てた。

「あのときだ、本当に俺はもう麻薬常用者《ジャンキー》じゃないって思ったのは。麻薬を断ってから二、三年経ってたにせよ、あれができたのは俺が麻薬の力を克服できた証しだった。念のため一グラム分だけは、抜き取ってポケットに入れといたけどな」

一方、アニタはこの後もしばらくドラッグと縁が切れなかった。彼女はキースと別居し、17歳のボーイフレンドを家に連れ込んでいた。その少年がドラッグで正気を失い、アニタと一緒にいるベッドで、ロシアンルーレットで遊んで死んだ。血まみれのまま絶叫して階段を降りるアニタ。息子のマーロンが上がると、ベッドルームの壁一面に脳みそが飛び散っていた。

新聞では連日この事件を報じ、自宅にいられなくなったアニタはホテルへ移った。

キースとアニタの関係は終焉を迎えた。

ドラッグで隠遁していたクラプトン

エリック・クラプトンも1970年代まではドラッグにまみれた生活を送っていた。常用していたのはヘロイン。吐き気、嘔吐、涙、鼻水、散瞳《さんどう》、発汗など副作用が激しく、もっとも依存性の高いドラッグの一つとされ、やめられないと死にいたる。

「私は自分にはヘロインに対する何らかの免疫性があって、やみつきにはならないだろうと思い込んでいた。でも、中毒は有無をいわさず、霧のようにゆっくりと私を包み込んでいった」(『エリック・クラプトン自伝』より、以下同)

1971年、ジョージ・ハリスンがニューヨークのマディソン・スクエア・ガーデンでバングラデシュ難民救済コンサートを開催し、クラプトンも出演をオファーされた。しかし、クラプトンはヘロインなしではいられない。

「ブツの供給を保証してくれなければ行けない」

クラプトンはジョージに伝える。自宅ではドラッグに不自由はしないが、所持して飛行機に搭乗することはできない。

クラプトンがニューヨークのホテルにチェックインすると、部屋にはドラッグが用意されていた。ところが、ジョージが用意していた品は不純物の多い質の悪いもので、クラプトンは禁断症状に苦しむ。

事情を知ったビートルズの元マネージャー、アレン・クラインが胃潰瘍の薬をくれた。プラシーボ効果だろうか、なぜかそれで体調を取り戻し、クラプトンはなんとかステージをこなした。

その後約3年、クラプトンは音楽シーンからリタイアする。演奏できる体調ではなかった。誰かが訪ねてきても居留守を使った。作曲をしてもひどい曲ばかり。しかたがなく、画を描いたり、模型をつくったりする毎日を過ごしていた。まるで隠遁生活の老人だ。

そんなクラプトンを救ったのはピート・タウンゼンドだった。曲作りに手を貸し、カムバックコンサートを提案する。それで実現したのが、ロンドンのレインボー・シアターでのライヴ。演奏するために、クラプトンは体調を取り戻す努力をした。このショーはレコーディングされ、『レインボー・コンサート』というライヴ盤になった。

ピートのほかのメンバーは、スティーヴ・ウィンウッドや当時はフェイセズに在籍しその後ローリング・ストーンズに加入するロン・ウッドなど。ライヴでは「いとしのレイラ」「ベル・ボトム・ブルース」「バッヂ」などの代表曲を披露した。

気心の知れたミュージシャンの後押しによってクラプトンの復活ライヴは成功し、この少し後に始めた中国製の電気刺激装置による鍼療法で回復へと向かっていった。

その後、ドラッグからのほぼ完全復帰を知らしめたのが名盤『461オーシャン・ブールヴァード』だった。このアルバムはフロリダのマイアミビーチのスタジオで約1か月かけてレコーディングされている。クラプトンに回復の兆しが見えたタイミングで、スタッフがスタジオも滞在する家も用意。クラプトンが飛行機に乗りさえすればいい状況が整っていたのだ。

レコーディングには女性シンガー、イヴォンヌ・エリマンが参加した。アイルランドとハワイの血を引きエキゾチックな顔立ちをしている。ヘロイン中毒で何年もセックスをしていなかったクラプトンも、レコーディングのころには回復していた。

「マイアミでのレコーディングの舞い上がっていた雰囲気の中で何が起こったかを想像するのは難しいことではない。イヴォンヌと私は互いに欲情に駆られ、すぐにねんごろになって激しい情事を楽しむようになった」

やはり彼の人徳ゆえだろう。キャリアを通して、どうしようもない危機が訪れると、必ず誰かが手を差し伸べる。クラプトンにはアーティストとしての底力があるので、体調さえ戻れば、復活をとげる。それどころか、質の高い作品までつくってしまう。そのくり返しで、輝かしいキャリアを重ねてきた。

大麻を栽培していたスティーヴン・タイラー

エアロスミスのスティーヴン・タイラーは15歳くらいからドラッグをやっている。

スティーヴンは1948年にアメリカ、ニューヨークで生まれた。1970年にバンド、エアロスミスを結成。1973年に、アルバム『野獣生誕』でデビュー。

最初はバーで知り合ったウエイターの助手にドラッグを勧められた。そのときは断ったものの、好奇心が刺激された。しかし、子どもなのでドラッグを買うお金はない。そこで、なんと大麻の栽培を始める。

スティーヴンはニューヨークのブロンクスで生まれ育ったが、家族に見つからないように家から離れた場所に種を蒔き、水を与えた。誰かに殺虫剤を撒かれてもめげずに育てた。

「余計なことしてくれるよな！　マザーファッカーめ！　俺はめげずにせっせとハッパ

をちぎって吸ってハイになっていた」(『スティーヴン・タイラー自伝』より、以下同)

彼は育てた大麻をたばこ状に巻いて母親にも勧めていた。日本人には理解できない母子関係だ。

15歳あたりから60歳くらいまで、スティーヴンはキャリアのほとんどで、ラリッていた。彼の自伝の翻訳は2012年に発行されているが、話が頻繁に前後する。時系列順になっていない。展開が飛ぶ。日本語訳の奥付を見ると、翻訳者のほかに翻訳協力が8人もいて、作業の苦労がうかがえる。

スティーヴンが20歳前後のころ、ニューヨークのロングアイランドにキース・リチャーズとアニタ・パレンバーグが家を持っていた。そこで3人でコカインをやっていたことや、後年、ロンドンを訪ねてアニタと待ち合わせしたときのエピソードも自伝で語られている。

ある時、スティーヴンは後ろから目隠しされた。

「だーれだ?」

「いやあ、降参だ」

「あんたがイギリスで一番好きなマ○コだよ!」

大人の男女とは思えないやり取りだ。

スタッフが次々消えていく

エアロスミスが世界的人気バンドとなり、アルバム『ロックス』『ドロー・ザ・ライン』……とヒット作が続くと、スティーヴンはいよいよドラッグなしではいられなくなる。

「俺たちがロケットならコカインは燃料だった。結局は墜落するんだが、あれだけ頑張れた理由の一つはコカインだ」（『スティーヴン・タイラー自伝』より、以下同）

彼らのライヴを観たことがある人はわかると思うが、スティーヴンは常にエキサイティングでエキセントリックで、ステージを駆け抜けるようなショーを展開する。

「俺たちは止まらなかった。とにかくツアーを駆け抜け、家に帰るとボロボロになってた。墜落して地面に落ち、脳は体に指令を送ろうとする。でも体は〝非番〟であることを分かっており、病気になることを選ぶ。バンドっていうのは、ツアー中は倒れない――それは許されないことなのだ」

世界中をまわる長いツアーを乗り切るためには、ドラッグの力だろうが、使えるものはなんでも使う。バンドのフロントマンのスティーヴンが突っ走り続けるので、スタッフたちはボロボロになっていく。

「エアロスミスの中核……ケリー、ラビット、ヘンリー、ナイト・ボブ……は、そのイカれた時期にバンドを転がし続けてた。ラビットは78年に、ヘンリーは80年に去った」

残ったスタッフもドラッグで倒れていく。

「最悪だったね。ローディのニックは肝硬変で死んだし、別のクルーは首を吊ったし、売人たちは首を絞められたり刺されたり強すぎるヤクを与えられたりした。俺は狂ったリードボーカル。ハイすぎて身を滅ぼした。自動車事故は日常茶飯事。俺はニューハンプシャーでポルシェを真っ二つにした。ドラッグの悪魔は何もかも飲み込み、全てを破壊した。ドラッグはバンドのリズムまで早めた」

1979年にはバンドのギタリストでソングライティングのパートナーでもあるジョー・ペリーとの関係も悪化。ジョーは去っていく。1984年に復帰するが、エアロスミスは約5年間片翼だけで飛ぶジェット機のような状態になった。

リハビリ、ツアー、リハビリ、ツアー……

グッド・サマリタン・ホスピタル、ハゼルデン、イースト・ハウス、またイースト・ハウス、チット・チャット、シエラ・タスコン、ステップス、ラス・エンチナス、ベティー・フォード。これらは、1983年以降スティーヴン・タイラーが自伝で告白しているドラッグ依存症のリハビリのために入所した施設だ。これだけ入っているのだから、スティーヴンは自分がドラッグ依存症患者だという自覚はある。しかし、リハビリをしてはツアーに復帰、また施設に入り、また復帰をくり返した。

ツアー中に、スタッフが精神科医を帯同させたこともある。しかし、成果は上がらなかった。

「彼らを救うことはできない。バンドは崩壊していて、直すことはできない」

ドクターはそう言い残して去っていった。

スティーヴンはリハビリで少しまともになっても、すぐにまた依存症に戻る。実のところバンドのメンバーもみんなドラッグ依存症なので、仲間からもらってまたやってしまう。

「だからみんな、みんながヤク断ちしないんなら、俺はバンドを抜けて、別のバンドを結成してエアロの名前を使うぜ」

スティーヴンはメンバーたちに迫った。その結果、バンドに戻ってきていたジョー・ペリーもリハビリ施設に入る。しかしスティーヴンの依存症はその後何年も続き、ときにはライヴの途中でステージの端から転落し、中止になることもあった。

結局のところスティーヴンは社会復帰できていない。リハビリ施設で健康を取り戻し、バンドとツアーをまわり、またリハビリに励む生活を続けている。

内省に向かうブライアン・ウィルソン

スティーヴン・タイラーの自伝がまさしくその典型だが、重いドラッグ依存症のアーティストの自伝は難解だ。時系列がおかしいことが多い。話が飛ぶ。最初は聞き書きしたライターの構成力不足だと思った。あるいは、翻訳者の力量不足とも思った。

しかし、多くのバイオグラフィを読むうちに、ライターや翻訳者のせいではないと考えるようになった。著者であるアーティスト自身の話が時代を大胆に行き来しているのではないだろうか。

ほとんどの話が時間の流れと関係なく進行したら、聞き手は今話されていることを理解するだけで精一杯だ。ひょっとしたら未消化のまま作業を続けることになるかもしれない。そもそも自分のことではないので、なにがなんだかわからない話も多いだろう。

その結果、話し手の言うがまま、忠実に文字にしていくようになる。それがスティーヴンの自伝であり、ビーチ・ボーイズのブライアン・ウィルソンの自伝ではないだろうか。

ブライアンは、1942年にアメリカ、カリフォルニア州イングルウッドで生まれている。1961年に、弟のデニス（ドラムス）とカール（ギター、キーボード、ベース）、従兄のマイク・ラヴ（ヴォーカル）、フットボール部の仲間だったアル・ジャーディン（ギター）とビーチ・ボーイズを結成した。しかしブライアンは、アメリカで最高峰のバンドの中心人物でありながら、1964年にはライヴから離脱している。

『ブライアン・ウィルソン自伝』（ブライアン・ウィルソン、ベン・グリーンマン著／松永良平訳／DU BOOKS刊）は、長期間にわたって治療が必要なドラッグ中毒だったブライアンが読者に語りかけるタッチで進んでいく。

「ぼくの物語は音楽の話で、家族の話で、愛の話なんだけど、心の病いの話でもあるんだ」（『ブライアン・ウィルソン自伝』より、以下同）

こう語られているとおり、ブライアンもドラッグ漬けになり、治療をくり返してきた。

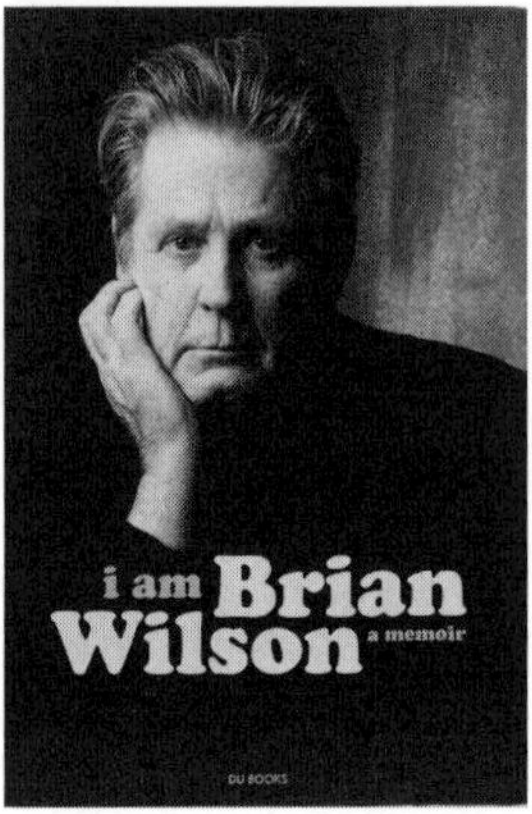

『ブライアン・ウィルソン自伝』

自伝を読む限り、スティーヴン・タイラーのようなクレイジーなふるまいは多くなさそうだ。ぐったりと無気力になってしまうタイプで、苦しみや悩みは心の内側へ向かっていく。

初めてブライアンがマリファナをやったのは1964年の暮れ。

「やると緊張もやわらいだ。ぼくにとってはそれはかなり大きな問題だったから。マリファナを吸いながら書いたはじめての曲は〈プリーズ・レット・ミー・ワンダー〉だった。ポット（注・マリファナ）でハイになり、ピアノに向かい、三十分であの曲を書き上げた。あの時期の曲の多くは、そんな調子で生まれたんだよ」

1969年にはコカインにも手を出す。

「〈セイル・オン・セイラー〉を書いたとき、コーク《コカイン》はあちこちにあった」

こういう記述を読むと音楽制作にドラッグが重要な役割を果たしているように錯覚する。しかし、もちろんネガティヴな面が多い。

「ドラッグをやっていると、ほかにもいろんな問題が発生した。ひどい数日はひどい月日になり、やがてひどい年月になった。音楽もほとんどやめてしまった」

ブライアンは1966年に彼の最高傑作でポップ史上最高のアルバムの一つとされ、後にグラミー賞殿堂賞も受賞する『ペット・サウンズ』をリリース。世界中を驚愕させたが、次の『スマイル』の制作中に精神状態を悪化させて同アルバムは発売中止に。1970～1980年代のほとんどを治療に費やすことになった。

祖父と父の虐待

「おまえの音楽はまったくひどいもんだな、ブライアン。仕事しろよ、ブライアン。時代遅れだぜ、ブライアン」

「ここまで来たぜ、ブライアン。もうおしまいだ、ブライアン。殺してやるぜ、ブライアン」

『ブライアン・ウィルソン自伝』によると、ブライアンはこのような幻聴に苦しめられるようになる。

もともと彼は繊細な神経の持ち主だった。暴力的な祖父が父親を殴りまくり、父親はブライアンや彼の弟でビーチ・ボーイズのメンバーでもあるデニス・ウィルソンやカール・ウィルソンを殴りまくった。

ビーチ・ボーイズは音楽が好きな父親によって結成される。初期は父親がマネージャーでもあり、その暴力の支配下にいた。

そんな父親に、ブライアンは子どものころからささやかな抵抗を試みてはいる。

ある日、皿にうんちをして、父親に持っていった。

「はい、ランチだよ」

父親はパイプをくわえて座っていた。

「トイレに持っていけ」

言われた通りうんちをトイレに持っていった。後から父親が入ってきて、ブライアンはボコボコにされた。彼の発想が多くの子どもと違っていたことがわかる。

そんな少年が大人になり、音楽をつくり、演奏し、ドラッグをやり始めた。精神が疲弊していく。そして、入院——。

「病院にいるのはつらかった。慣れない場所だしね。慣れ親しんだ家とは照明も違うし、物音も違っていて、眠るのが大変だった」

不眠に悩まされ、幻影を見るようになった。

「ベッドに入って、眠ろうとしたら、ドアのところにノイズが聞こえた。そっちを向いたら、ひとりの男が巨大なイチモツを勃起させていたんだ」

また音楽をつくりたい。でも、再開するのも恐い。

「いちばんきつかったのは、昔のようには二度と音楽を作れないだろうという恐怖を克服することだ――その方法がわからなかったからじゃない、みんながぼくにそうさせようとしなかったからだ」

ブライアンは自宅に引きこもり、ドラッグ、アルコール、過食により、体重は一時期140キロを超える。

この時期に彼の身体と心のケアを行っていたのが精神科医のユージン・ランディだった。しかし、自伝でのドクター・ランディ評は辛辣だ。

ビーチ・ボーイズに復帰

「ドクター・ランディは独立の精神なんて信じてなかった」

「話し合っても不愉快になるだけ。彼にパンチを見舞い、彼も一発ぼくを殴り返して、それでおしまいになった」

「彼の暴力がひどくなると、父を思い出してとてもいやだった。彼は癇癪《かんしゃく》持ちだった。不公平な人間でもあった。怒りと愛が共存できるなんてぼくには思えない」

これらが『ブライアン・ウィルソン自伝』に書かれている、ブライアンのランディについての記述だ。

確かにひどいことも多かったようだ。自伝によると、ランディは自分の家族とともにハワイで1か月のバカンスを満喫し、その請求をブライアンにまわした。彼はさらにブライアンの別宅で暮らし、了解なしに改築もした。ブライアンの曲に自分の名前をクレジットして作品の権利を得て自分の収入にもした。やりたいほうだいだ。

その一方で、ランディの治療が成果をあげた時期もあったのだろう。

「彼のおかげで三百パウンド〔約百三十六キロ〕もあった体重を百八十五パウンド〔約八十四キロ〕くらいまで落とすことができた。それはぼくにとって理想的な体重だ。ハイスクールでアメフトのクオーターバックをやっていたときの体重なんだ」

1980年代の終わりにブライアンは音楽シーンに復帰している。

1988年にはソロアルバム『ブライアン・ウィルソン』をリリース。2000～2

002年にはワールド・ツアーを行った。

２００４年、ブライアンは37年の時を経て、アルバム『スマイル』を完成させる。

２００６年、ランディは肺がんで闘病中に肺炎を併発して、71歳で死去した。

「ぼくのある部分は悲しんでいたし、ある部分はうしろめたかった。ある部分では救われたと感じていたからね」

ブライアンは自伝でふり返っている。

「彼はぼくが立ち直る手助けをしてくれた。でもやりすぎてもいた。すべての方向で、彼はやりすぎな男だった」

自分がドラッグ中毒から立ち直る手助けをしてもらったことは素直に認めている。

「ランディのおかげでよくなったことも少しはあっただろう。ぼくの人気が落ちて忘れられないようにするという面でも少しは役に立っただろう。だけど、彼がぼくにしたひどいことのほうが、そんな功績よりずっと多いんだ。九年間ものクソみたいな日々だったんだよ、忘れられるもんか」

２０１２年、ブライアンはビーチ・ボーイズに復帰。アルバム『ゴッド・メイド・ザ・ラジオ～神の創りしラジオ～』をリリースしてワールド・ツアーを行った。

日本でも千葉マリンスタジアムでライヴを実現させた。カールやデニスはこの世を去り、オリジナルメンバーは、ブライアンと従兄のマイク・ラヴ、アル・ジャーディンだけ。それでも、ブライアンが在籍しているビーチ・ボーイズで『ペット・サウンズ』の曲を聴くことができて、筆者は幸せな気持ちに満たされた。

ドラッグで崩壊していったザ・バンド

ドラッグをきっかけに崩壊していったバンドの一つが、ザ・バンドだ。

世界中のアーティストに愛され、リスペクトされ、しかしドラッグやアルコールによって解散への道を進んでいった。

アメリカ人のリヴォン・ヘルム（ドラムス、ヴォーカル）とカナダ人のロビー・ロバートソン（ギター）、リック・ダンコ（ベース、ヴォーカル）、リチャード・マニュエル（キーボード、ピアノ、ヴォーカル）、ガース・ハドソン（キーボード、サックス、アコーディオン）による5人編成のザ・バンドは、メンバー全員が楽曲をつくり、全員が演奏し、全員が歌う。主に3人がリード・ヴォーカルをとる。それがこのバンドにしかない音を生んだ。

「ロック史上最高の白人歌手が3人いた。3人の誰であれ、名バンドの柱になれる。それが3人もいたんだ。もはや無敵だよ」（エリック・クラプトン）
「ザ・バンドほど仲がよくて、あれだけの音楽を残したバンドはない」（ブルース・スプリングスティーン）
これらは、ザ・バンドのドキュメンタリー映画『ザ・バンド　かつて僕らは兄弟だった』でのコメントだ。
ファーストアルバムで名盤の誉れも高い『ミュージック・フロム・ビッグ・ピンク』は、1968年にニューヨーク州のウッドストック近郊で生まれた。メンバーとその家族は、ともに活動していたボブ・ディランとともにこの土地に移り住む。ザ・バンドはビッグ・ピンクというピンクに塗装された家の地下スタジオでセッションを重ねてつくりあげた。
同作は、世界中のリスナーだけでなく、アーティストたちにも絶賛され、エリック・クラプトンやジョージ・ハリスンなどがウッドストックを訪問した。
「ザ・バンドに入りたいって言いに行ったんだ。リズム・ギターでいいから。ピンクのブーツにカーリー・ヘアーで。僕はサイケ。彼らは自然体。曲作りチームなんだ。ジャ

ム・セッションも断られたよ」（エリック・クラプトンのコメント。『ザ・バンド かつて僕らは兄弟だった』より、以下同）

しかし、成功を収めたことによって、メンバーの生活は変わっていった。リヴォン・ヘルムとともにバンドの中心的存在だったギタリストのロビー・ロバートソンは毎日朝10時から作詞作曲に励んだ。しかし、リヴォン、リック・ダンコ、リチャード・マニュエルの3人はアルコールとドラッグに溺れ始める。

救いを求めカリフォルニアへ

筆者はウッドストックを訪れたことがある。ニューヨーク州のマンハッタンからクルマで3時間近くかかった。山と森と湖しかない。人の姿はほとんどなく、道には鹿の死骸が転がっていた。「熊に注意！」の看板があちこちに立っていた。

この地に娯楽はほぼない。当時のザ・バンドは音楽をつくる以外にやることがなかっただろう。リチャードは浴びるように酒を飲み、ウッドストックの森でクルマを飛ばした。このあたりの状況は、映画『ザ・バンド かつて僕らは兄弟だった』に詳しい。

最初の事故はリチャードが起こした。ある夜、ロビーが妻のドミニクにプレゼントしたマスタングを借りてドライブに出る。

「大丈夫？」

助手席のドミニクが酔ったままハンドルを握るリチャードに聞いた。

「ハンドルを握ればシラフになるさ」

リチャードは強がり、スピードを上げる。

「見えてるの？」

「猫の目のように見えるよ」

しかしカーブを曲がり切れず、セメントでできたポールに次々とぶつかった。

急停止したクルマで、たばこに火をつけようとするリチャード。あわてて止めるドミニク。

「クルマが吹っ飛ぶわ。早く飛び出して！」

間一髪だった。

「ドミニクを巻き込んで。そりゃ、アタマに来たよ。でも、当時、アル中の知識など誰も持っていなかった」（ロビー）

リチャードは頸椎を痛め、バンドはツアーを断念した。

『ロビー・ロバートソン自伝　ザ・バンドの青春』

リチャード、リヴォン、リックはドラッグに依存し、以前のような音楽制作ができなくなっていく。次々と高価なクラシックカーを買い、次々と破壊した。

「リヴォン、リック、リチャードの三人が、本格的にヘロインで〝火遊び〟をしはじめたのだ。それはおのずと感じ取れた。手が届かない、取りつくしまのない、暗く冷たい断絶」（『ロビー・ロバートソン自伝　ザ・バンドの青春』ロビー・ロバートソン著／奥田祐士訳／DU BOOKS刊より）

このままでは家族を守ることができないと感じたロビーは、妻と二人の娘とともに、カリフォルニアのマリブへの移住を決めた。

「怒りというより、ロビーにとってすべてを失う感じだった。兄弟愛。友情。結びつき。おたがいの愛情。素晴らしい人々よ。私もみんなを愛してた。でも何かを失い始めると、人はおかしくなる。私は大切なものを欲しいと思った。それはふつうのまともな日々。子どもが生まれて私の関心はまるで変わったの」（ドミニクの発言。『ザ・バンド　かつ

て僕らは兄弟だった』より）

分裂、解散、そして死

1973年、ロビー・ロバートソンは家族とともにマリブへ――。新しいスタジオ、シャングリラを準備して、ほかのメンバーとボブ・ディランを呼び寄せた。

ザ・バンドは新たなスタートをきる。しかし、リチャードはドラッグを断てなかった。ツアー中にヘロインを切らして、禁断症状でステージに上がれなくなる。

バンドのミーティングにもリチャードは参加しなくなる。メンバーを交替しなくてはいけないのか――。ほかの4人がリチャードの家を訪れると、コーヒーカップを持つリチャードの手は禁断症状で震えていた。

「オレは禁断症状が怖い。へたするとショックで死ぬかもしれないからだ」（『ロビー・ロバートソン自伝』より、以下同）

リチャードは告白した。そして解決策を話し始める。

「重度のヘロイン中毒を吹っ飛ばすいちばんの方法は、代わりに高品質のコカインを打つことなんだそうだ。禁断症状はいっさいない。それにコカインは中毒性がないから、峠を越したらすぐにやめられるんだ！　すごくないか？」

希望に満ちた表情で言われ、他の4人は顔を見合わせるしかなかった。

この時期、ロビーと他の4人の間の溝も深くなっている。家庭を最優先するロビーは、ザ・バンドの活動をビートルズの後期がそうであったように、レコーディングのみのバンドにしたがった。しかし、4人はツアーをやりたかった。

ロビーは、バンドにゆかりのあるゲストを招いて、ザ・バンドが初めてライヴをやったサンフランシスコのウインターランド・ボールルームでの最後のライヴを計画する。強引に推し進めるロビー。計画は暗礁に乗り上げた。メンバー全員がリスペクトするブルース・シンガーでギタリスト、マディ・ウォーターズのゲスト参加が決まり、ライヴは実現の運びになった。

1976年11月25日に行われたライヴには、マディのほかに、ボブ・ディラン、エリック・クラプトン、ニール・ヤング、ジョニ・ミッチェル、ヴァン・モリソン、ロン・ウッド、リンゴ・スターなどが駆け付け、名監督、マーティン・スコセッシによって記録され、『ラスト・ワルツ』のタイトルで映画化された。

これが5人のザ・バンドでのラストステージになった。後に再結成したザ・バンドに、ロビーは参加していない。

１９８６年3月4日、フロリダのモーテルで首を吊っているリチャードが発見された。

「リチャードの曲作り、彼のメロディックな耳、そして素晴らしいコードチェンジも思いつく。だけど、なぜかいつもそうはいかない。急がせると気分を悪くした」（ロビー）

（『ザ・バンド かつて僕らは兄弟だった』より、以下同）

「リチャードはとても繊細な人。まるで傷ついた鳥。魂がとても美しいの」（ドミニク）

「リチャードには恋をした。彼は悲しげで、魂で歌い上げる。彼は繊細。一緒によく飲んだ」（クラプトン）

リチャードの自死を深く悲しんだクラプトンは、彼に捧げる「ホーリー・マザー」という曲をつくっている。

リック・ダンコは１９９９年12月10日に他界した。ニューヨーク州のウッドストック近く、マーブルタウンの自宅で、朝、冷たくなっていた。

リヴォン・ヘルムは、２０１２年4月19日、ニューヨーク、マンハッタンのメモリアル・スローン・ケタリングがんセンターで息を引き取った。晩年は経済的に苦しく、ロビーに対するネガティヴな発言もしていた。

ロビーは、リヴォンの最期、病院に駆け付けている。
「彼の意識はなかった。娘さんが病室に案内してくれた。脇に立って彼の手を握り、思い出していた。ともに過ごした素晴らしい時間を。僕らは何度か音楽革命の前線に立った。そんな思い出が心に残っていた。兄弟の脇に座り、手を握り、声をかけた〝リヴォン、あの世で会おう〟って……」(『ザ・バンド かつて僕らは兄弟だった』より)
ドラッグと距離を置いたロビーとガースは生き残った。そしてロビーの妻、ドミニクは依存症更生セラピストとして働いている。

警察の風呂で「イエスタデイ」

ポール・マッカートニー&ウイングスの解散のきっかけにもドラッグ絡みの事件があったとポールは語っている。ただしメンバーが中毒でぼろぼろになったわけではない。
1980年1月、ウイングスのジャパン・ツアーで来日したポールは、成田国際空港でドラッグを所持しているのを発見され、東京の警察署に連行された。
「大麻密輸 ポール逮捕 5億円公演中止 12万枚の切符回収」(スポーツニッポン)
「元ビートルズ ポール逮捕 成田空港で〝御用〟大麻を所持」(サンケイスポーツ)

日本の新聞の一面に大きく報道され、世界的なニュースにもなった。この事件をきっかけに、ウイングスは解散へと向かっていく。

そのあたりを知るにはポールの伝記『〈Life〉ポール・マッカートニー　破壊と創造の1970年代』（トム・ドイル著／宝木多万紀訳／TOブックス刊）と『ポール・マッカートニー　告白』（ポール・デュ・ノイヤー著／奥田祐士訳／DU BOOKS刊）が参考になる。どちらの書籍も完全な公式ではなさそうだが、事実関係をもとに構成されている。

ポールは1970年にビートルズが解散してからはソロ、そしてウイングスなどで活動してきた。さて1980年1月だが、ポールはロンドンから車で2時間ほどのサセックスにある自宅スタジオでリハーサルを行った後、家族とともにニューヨークで数日間過ごし、日本へ向かった。スケジュールは東京、名古屋、大阪、18日間で11公演。1966年のビートルズ公演以来の来日だった。ウイングスは1975年にも来日公演を予定していた。しかし、ポールにはマリファナ所持の前科があるために、入国ビザが下りていない。

成田に着陸し飛行機を降りたポール。来日を歓迎する報道陣のストロボの嵐。その後にことは起きた。ポールが持つバッグの中の服の間にマリファナが見つかったのだ。

　税関の職員たちはとまどったに違いない。マリファナにももちろん驚いただろうが、別の誰かに持たせるようなこともせず、ほとんど隠されていない状態でポールは所持していた。どうぞ見つけてください、という状況に

『〈Life〉ポール・マッカートニー 破壊と創造の 1970 年代』

誰もが理解に苦しんだはずだ。

　ポールクラスの大物ならば、日本に着いてから、法の目を盗んで〝現地調達〟するルートも確保できたかもしれない。しかし、堂々と自分で持ち込んだ。

　ポールは警察署から拘置所に移送され、〝囚人番号22番〟として9日間勾留される。馴染みのない極東の国の〝牢獄〟に入れられたポールは、拷問と長期の懲役刑に怯えた。

　しかし、もちろん拷問などなく、数日で落ち着きを取り戻したポールは〝囚人仲間〟と交流するようになる。全裸になってみんなと一緒に共同風呂にも浸かり、浴室のリバーブをいかしてア・カペラまで披露する。〝本物〟が歌う「イエスタデイ」に囚人たち

は感激した。

逮捕で潮目が変わったポール

マリファナ所持による日本での逮捕事件で、ポールの潮目は変わった。釈放され、イギリスに帰国しても、ウイングスとして活動するマインドを取り戻せず、すでにつくってある曲を仕上げてソロ作の制作に取り掛かった。

そして4月にソロナンバー「カミング・アップ」、5月には同曲収録のソロアルバム『マッカートニーII』をリリース。「カミング・アップ」は、妻のリンダがコーラスで参加しているものの、ヴォーカル、ドラムス、ベース、ギター、キーボードのすべてのセクションを自分でレコーディングした。この曲はとても好評で、アメリカの『ビルボード』誌ホット100で1位を獲得。メディアを通してジョン・レノンも称賛した。

『ポール・マッカートニー 告白』

その勢いのままリリースされたソロアルバム

『マッカートニーⅡ』も全米3位、全英1位を獲得する。アルバムもポールが全セクションを担い、やはりコーラスのみでリンダが参加。ほかのミュージシャンの起用はなかった。

日本公演中止とソロの成功はウイングスのメンバー間に溝を生み、深まっていく。ポールが拘置所に留置されているとき、ウイングスのギタリストのデニー・レインはデニー自身のソロアルバムの契約のためにカンヌへ向かった。自分の危機のときにリゾートで過ごしていたデニーに、ポールは不快感を隠さなかった。

一方、デニーも、ポールがソロ活動に集中することが愉快ではない。自分は失業状態になるからだ。

そしてこの年の12月8日、悲劇が起こる。ジョン・レノンがニューヨークの自宅前で射殺された。ポールは悲しみに暮れ、その後もウイングスを本格的に再開しようとはしなかった。

ホイットニー・ヒューストンの光と影

2012年に48歳でこの世を去ったホイットニー・ヒューストンは、ドラッグによる死と報道された。実際に彼女はドラッグ依存症で苦しみ、依存症回復施設に何度も入所していた。

しかし彼女の死は謎が多く、2018年公開の『ホイットニー～オールウェイズ・ラヴ・ユー～』、2021年公開の『ホイットニー・ヒューストン～スポットライトの光と闇～』、2本のドキュメンタリーでは死因がドラッグだけではなかったという説を提示している。

ホイットニーは1963年にアメリカ、ニュージャージー州ニューアークで生まれた。母親はグラミー賞歌手のシシー・ヒューストン。「ウォーク・オン・バイ」や「愛のハーモニー」などの大ヒットで知られるレジェンド・シンガー、ディオンヌ・ワーウィックは従姉。

モデルとして、チャカ・カーンのバックコーラスのシンガーとして、10代から活動していたホイットニーが、アルバム『そよ風の贈りもの』でメジャーデビューしたのは1985年。シングルカットされた「すべてをあなたに（Saving All My Love for You）」から7曲連続で『ビルボード』誌ホット100で1位を獲得した。

1992年には、R&Bシンガーのボビー・ブラウンと結婚。ビッグ・スター同士の夫婦だった。この年、ホイットニーは映画『ボディガード』に出演。自身が歌った主題歌「オールウェイズ・ラヴ・ユー」は全米で14週連続1位。アメリカで400万枚、日本でも180万枚のセールスを記録した。『ボディガード』のサウンドトラックは、世界で5000万枚、日本でも280万枚のセールスになった。

ところが、皮肉にもこの成功が夫婦間に溝をつくる。メディアはボビーを〝ミスター・ヒューストン〟と呼ぶようになり、〝ヒモ〟のように扱った。世間的に夫婦はイーヴンの関係ではなくなった。

ボビーは荒れた。妻に暴力をふるい、彼女のポルシェを破壊したなどと、アメリカのタブロイド紙が報道した。彼は浮気をして、外に子どもをつくり、スタッフに局部を見せてセクシャルハラスメントで逮捕され、パトカーのなかで放尿した。

夫婦は毎日コカインとマリファナに溺れる。ツアーの機内でハイになって着陸しても降りずにライヴが中止になることもあった。

誰も二人を制御できない。嫌われると職を失うからだ。スタッフには身内が多く、ホイットニーの仕事以外に食べていく術がなかった。

ドキュメンタリー『ホイットニー〜オールウェイズ・ラヴ・ユー〜』によると、そもそもホイットニーは16歳のときからすでにドラッグをやっていた。ツアーでは、スタッフとして参加していた身内がドラッグを調達。１９８０年代の日本公演でも入手していたという。

映像のなかでレコード会社の社長は、ホイットニーがドラッグ依存症とは知らなかったと発言している。次の作品のために投資を惜しまず、ホイットニーは、高級ホテル、プライベートジェット、そしてドラッグにお金を使いまくった。

『オールウェイズ・ラヴ・ユー』では、マイケル・ジャクソンのトリビュート・コンサートに出演したときのやせ過ぎた身体についてインタビューを受けるシーンがある。残酷なインタビュアーは、ホイットニーがやせて骨が浮き出て見えることを指摘した。さらに理由を問い詰めていく。アルコール？　マリファナ？　ピル？　コカイン？——見ているだけで苦しくなる場面だ。

執拗な追及に、ホイットニーは泣きそうな表情で、ドラッグの使用を打ち明けた。

「やったことある、たまに」

正直に告白してしまった。

そのなかで悪魔は——との問いに、ホイットニーはさらにつらそうな表情を見せる。

「悪魔は私ね」

瞳を潤ませ、一瞬笑みを見せて答えた。

「私は毎日祈ってるの。私は強くもないけど、弱くもない。折れないわ」

このインタビューをきっかけに、メディアはホイットニーのドラッグ依存を競うように報道し、アニメやコメディのネタにした。そのいくつかがドキュメンタリーに収められているが、ポップ史上最高のシンガーの一人に対するリスペクトのかけらもない、徹底的に笑い者にしたひどいものだ。

そして、ホイットニーはドラッグ依存症回復施設に入所する。

「解毒治療のときも脱走を試みたと看護師から聞いて施設に行くと、8枚のシーツで体を縛られていた。そのシーツを窓から投げ出して逃げ出そうとしていたのよ」

『スポットライトの光と闇』のなかで、薬物カウンセラーが当時の状況を語っている。

「12階から飛び降りるつもり！」

カウンセラーが叫び、ホイットニーは我に返った。

ドラッグによって体力が衰えても周囲はライヴやアルバム制作のスケジュールを詰め込んでいく。しかし、かつてのような圧倒的なパフォーマンスはできず、がらがらの声で歌い、客席からはブーイングが起きた。その状況が『オールウェイズ・ラヴ・ユー』に記録されている。

ホイットニーはさらにドラッグに救いを求め、健康を害し、また施設に入所する。負のスパイラルにはまってしまった。

リハビリ中の２００６年、ボビー・ブラウンが彼女のもとを去る。

ホイットニーは愛娘、ボビー・クリスティーナ・ブラウンと暮らしながらドラッグとアルコールからの復帰プログラムを行う。この時期、ホイットニーはボビーとよりを戻したいと願っていたと『スポットライトの光と闇』では語られる。

しかしボビーの気持ちは彼女から離れていた。彼のマネージャーとの交際が報じられ、ホイットニーの神経はさらに病んでいく。

経済的にも困窮していくホイットニー。ドラッグの購入と回復のための治療代によって破産状態となり、アルバムをリリースする前提での前払い金は１００万ドルだと報道されていた。

ドラッグ依存の連鎖

2012年2月11日、ホイットニーはグラミー賞前夜のパーティーに出席するために、ビバリーヒルズに滞在。ビバリー・ヒルトン・ホテルのバスタブで意識を失っているところを発見され、死亡が確認された。

死因はコカイン使用と心臓発作と発表されているが、『スポットライトの光と闇』によると、歯が11本失われていたことやバスタブの湯の温度が66度だったことなど不審な点は多く、真実が解明されたとはいえない。

彼女は生まれ育ったニュージャージー州ニューアークのニューホープ・バプテスト教会で葬られた。

2015年、娘のクリスティーナも母親と同じようにバスタブで意識を失う。その夜は同居していたボーイフレンドのニック・ゴードンという男性らとホームパーティーを楽しんでいた。半年間意識不明が続いた末、生命維持装置が外された。

検死では「死因不明」とされたが、『スポットライトの光と闇』によると、周囲は納得していない。3年後、現場にいたニックの友人もドラッグの過剰摂取で死去。ニックのまわりで3人も死亡した。死者が多過ぎる。

２０１５年、クリスティーナの遺産管理団体がニックに対し、不法死亡訴訟を起こした。ニックはクリスティーナに対して殴る蹴るの暴行を加え、人との接触を制限し、彼女の銀行口座を操作し、ドラッグ入りの酒を飲ませていたと訴えた。

ニックは出廷せず、フロリダへ逃亡。クリスティーナの遺産管理団体は勝訴した。裁判所はニックに対し、彼がクリスティーナの口座から奪った約１５７万５０００ドルを含めて３６００万ドルを支払うことを命じる。しかし、結審からおよそ3年後の２０２０年、ニックはフロリダで、ドラッグの過剰摂取で死去した。

ボビー・クリスティーナ・ブラウンの死にニック・ゴードンが関与していたことは法廷で認められた。しかし、ホイットニー・ヒューストンの死については、まだ謎が解明されていない。

「私ちゃんとする。イエス様に会いたいから」

亡くなった日、ホイットニーは話していたという（『ホイットニー〜オールウェイズ・ラヴ・ユー〜』より）。

Ⅲ

酒

アルコールの力で童貞を卒業したクラプトン

「酒の文化にはおかしなところがあって、酔っぱらうと私を奇妙で謎めいたクラブのメンバーにする。演奏する時にも、ついには女の子と消える時にも勇気を与えてくれる」(『エリック・クラプトン自伝』より、以下同)

エリック・クラプトンは自伝で10代のころのことを回想している。

当時、酒を覚えたてのクラプトンは、週末になるとロンドン南西部にあるクラウンというパブに出向いていた。ブルース・ハープ奏者のダッチ・ミルズの演奏を聴いて、彼の家に向かった。

ダッチの家ではパーティーが開かれ、停電による暗がりの中、年上のルーシーの手ほどきで初めての体験をした。

「私は怯えていた上に不器用だったが、彼女が辛抱強く協力してくれた」

ビッグネームのクラプトンが初体験について詳細を語っていることにも、細部を記憶していることにも驚かされる。

「グループでの中途半端な火遊びから突然本格的なセックスに進むのは、なんだか妙なものだったが、それはあっという間に終わっていた。思いがけない展開だったので、もちろん避妊具は使っていなかった。それで次にそうなった時に備えて、友だちの一人と一緒にドラッグストアに行ってデュレックスを一箱買ったが、信じられないくらい恥ずかしかった」

デュレックスは、イギリスでもっともメジャーなコンドームのブランド。２０２０年になっても世界シェア約25％を誇っている。

10代のころのクラプトンは女性の気を引く一番いい方法は泥酔することだと思い込んでいたという。

「それが自分をもっと魅力的にしてくれるか、男っぽく見せてくれるかのように思っていたんだ」

彼は10代のころから、勇気が必要な局面にはアルコールの力を借りていた。それだけに酒にまつわる失敗は多い。

フェスティバルに出かけた夜は、会場近くの森で泥酔し、朝起きると金もなく、服は自分の吐瀉物で汚れ、失禁までしていた。なかなかきつい体験でクラプトンは相応に傷ついているが、どういうわけかもう一度同じ体験をしたくなるとも語っている。こういう強烈な刺激を求める感覚は彼特有かもしれない。

ドラッグ依存からアルコール依存へ

1973年のレインボー・コンサートをきっかけにヘロインをやらなくなっていったクラプトンだが、その分アルコール量が増えていく。1974年にはピート・タウンゼンドの誘いで、ザ・フーのアルバムを基にした映画『トミー』に出演した。マリリン・モンローを崇拝する教会の伝道師役だった。

この撮影現場で、親しくなってはいけないミュージシャンと仲よくなった。ザ・フーのドラマー、キース・ムーンだ。キースはロック界で最高のドラマーの一人だが、最悪のアルコール依存症の一人でもある。

「私はずっとキース・ムーンと飲んだくれていたが、それは超現実的な体験だった。完全に出来上がっている彼を見ていると、自分には何の問題もないような気にさせられた。彼に比べれば、自分は小物だと思った」

この年にマイアミで、名盤『461オーシャン・ブールヴァード』をレコーディングし、クラプトンはアルバムのツアーに出る。そこに、この時期はまだジョージ・ハリスンの籍に入っていたパティも合流した。そして6年越しの想いが成就したわけだが、彼女も大酒飲み。二人で酒浸りになった。クラプトンの近くには常に大酒飲みがいるから、いつまでも飲み続けてしまう。

『461オーシャン・ブールヴァード』とそのツアーで大金を稼いだ後、クラプトンは税金対策でカリブ海のビーチリゾート、バハマのパラダイス島で暮らす。

この島は酒がとんでもなく安かったこともあり、クラプトンは完全にアルコール依存症になる。会食でも移動の機内でも、泥酔して周囲にからんだ。イギリスに戻ってからは、酩酊して運転し、自動車事故も起こしている。

アルコールはミュージシャンとしてのクラプトンも蝕《むしば》んでいく。

1977年にも行ったロンドンのレインボー・シアターでのライヴでは開演45分後に体調を崩し、よろけながらステージそでに引っ込んだ。楽屋でぐったりしていると、ゲスト出演していたピート・タウンゼンドが怒鳴り込んできた。

「これでもショービジネスかい？」

ピートにうながされてステージに戻ったクラプトンは、今でいう口パクとエアギターでライヴを乗り切った。

ハワイでは女の子をナンパしたドラマーを脅かそうと、酔っぱらっておもちゃの日本刀を携え、上半身裸でベランダ伝いに襲撃。本物の暴漢だと思われ通報される。

やがてまともにギターを弾けなくなった。

「エリック・クラプトン、飲み過ぎで演奏不能」

全国紙で報じられた。それでもクラプトンは飲み続ける。当然身体を壊す。アメリカでは終演後に倒れ、5つの潰瘍からの出血が病院で確認された。そのうちの一つが膵臓を圧迫し、破裂寸前だと言われる。やむをえずツアーを中止して治療に専念。しかし、退院するとまた飲み始めた。

ついに1982年、アメリカのアルコール依存症者を社会復帰させるための施設に入所した。自伝には、治療、カウンセリング、音楽と直接関係ない患者仲間との生活など、ここでの療養生活が詳細に語られている。でも、この人は懲りない。スタッフの目を盗んで施設内でも患者の女性たちと関係した。

愛息の死で依存症から復帰

クラプトンの自伝を読むと、脳が混乱する。関係する女性が多過ぎて、誰が誰だかわからなくなってくるのだ。

彼がアルコール依存症に苦しんでいる時期も、ローリとか、ヴァレンティーノとか、カーラとか、さまざまな女性が現れる。みんなと関係してしまう。

１９８５年のイタリア・ツアーで、クラプトンはタレントでファッション・フォトグラファのローリ・デル・サントと出会い、恋に落ちる。そして翌年に男児が生まれ、コナーと名付けられた。

クラプトンはコナーの前ではアルコールを口にしなかった。しかしコナーが眠りに就くと、気絶するまで飲んだ。一度はアルコールを抜くことに成功した。しかし、１９８７年には完璧なアルコール依存症に戻っていた。

「この頃には、私の身体機能は著しく低下し、震えが止まらなくなった。酒を飲もうと飲むまいと生活ができない状態になったのは、これが二度目だった。混乱していた私は、演奏に関してでも辛うじてこなしているだけだった」（『エリック・クラプトン自伝』より、以下同）

コナーのために立ち直らなくてはいけない――。そう誓ったクラプトンは再び施設に入所した。

１９９１年、クラプトンに不幸が訪れる。愛息のコナーがローリの友人が住むアパートの53階から転落して亡くなったのだ。このとてつもなく悲しい出来事が、クラプトンをアルコール依存症から社会復帰させるきっかけになる。

「私は突然、この恐ろしい悲劇を何か前向きなことに転換する方法を見つけたかもしれないことに気がついた。私は、〝もし私がこれを経験して、素面《しらふ》でいられるなら、誰にでもできますよ〟といえる立場に実際にいたのだ。その瞬間、私は、息子の思い出に敬意を示すにはこれに勝る方法はないことを悟った」

アルコール依存症克服施設を開設

アルコール依存症を克服したクラプトンは、1998年、アルコール・薬物依存症患者の治療施設「クロスロード・センター」をカリブ海のアンティグア島に設立。自分と同じ苦しみを抱える患者のための活動を始める。

1999年からは、施設を維持するためのチャリティ・コンサート、クロスロード・コンサートを開いて映像作品にし、自分のギターを売るオークションも主催。その収益を施設の運営に投じている。

筆者は第1回のクロスロード・コンサートをニューヨークのマディソン・スクエア・

ガーデンで観ている。ゲストは、ボブ・ディラン、シェリル・クロウ、メアリー・J・ブライジ。約2万人を収容する会場はフルハウス。当時、クラプトンが日本で行うライヴは2時間ほどだったが、クロスロード・コンサートでは3時間半にわたり歌い演奏した。そこには健康を回復したタフなギタリストの姿があった。

クラプトンはコナーを失った思いをつづった曲も生んだ。「ティアーズ・イン・ヘヴン」と「マイ・ファーザーズ・アイズ」だ。これらの曲はその後もずっとクラプトンのステージでは演奏され歌われている。

代表曲の一つ「ティアーズ・イン・ヘヴン」は、コナーと天国で再会できたなら――、自分はふさわしい人間になるように強く生きていくと、語りかけるように歌われる。

コナーが亡くなったとき、チャールズ皇太子やケネディ一族をはじめ、世界中から何千通ものお悔やみの手紙が届いた。

そのなかの一通がクラプトンの目に留まった。

「何かできることがあったら、知らせてくれ」(『エリック・クラプトン自伝』より、以下同)

キース・リチャーズからだった。

キースもまた愛する息子、タラを失っている。クラプトンの気持ちをほんとうに理解できる存在だった。

「私はこのことをずっと感謝しているだろう」

クラプトンは語っている。

セックス、ドラッグ、アルコール……。ロックミュージシャンの多くは、このうちのどれかに溺れる。

ミック・ジャガーの奔放な性生活についてはすでに述べた。彼の場合、ドラッグやアルコールは身を亡ぼすレベルではない。年齢とキャリアを重ねるごとに、健康オタクのように節制し、圧倒的なステージパフォーマンスを見せ、2022年もワールド・ツアーを行った。ミックの相棒であるキースは、ドラッグに耽溺した。しかし、女性に対しては一途な面がある。ところが、ミックやキースよりもはるかに紳士に見えるクラプトンは、セックス、ドラッグ、アルコール、すべてに溺れた。

ただし、命の危険が近づくと、必ずどこからか救いの手が差し伸べられる。そして、名曲をつくる。前述の通り、徳があるということだろう。多くの人が放っておけない何かをこの人が持っているとしか思えない。

キース・ムーンの依存症伝説

重度のアルコール依存症になっていたクラプトンが「完全に出来上がっている彼を見ていると、自分には何の問題もないような気にさせられた」（『エリック・クラプトン自伝』より）と語った〝彼〟が、キース・ムーンだ。

１９４６年にイギリスのロンドンで生まれたキースが17歳でザ・フーに参加したときには、すでにアルコールとドラッグの依存症が完成していたと伝えられている。１９７８年９月に32歳の若さでこの世を去るまでずっと飲酒をめぐる問題を起こしていた。すべてが酒のせいかはともかく、奇行、事件は枚挙にいとまがない。ホテルや自宅の窓から家具やテレビを放り投げるのは日常茶飯事。ツアーで宿泊するホテルの部屋はいつも破壊。テレビ番組出演時にはドラムセットを爆破。自分もメンバーも負傷。ヴォーカルのロジャー・ダルトリーは鼓膜が破れた。アメリカ・イリノイ州のホリデイ・インで自分の21歳の誕生パーティーを行い、ピアノを破壊し、消火器をまき散らし、リンカーン・コンチネンタルをプールに水没させる。サインを求めた若者を殴り、ランプも投げつけた。ホリデイ・インからは永久追放。自宅の窓をショットガンで破壊する。旅客機のコックピットに乱入。機長席を乗っ取り、今でいうところのエアドラムを披露して機外に追い出される。

キースについてはピート・タウンゼンドが自伝にさまざまなエピソードを残しているが、酔っぱらっていないことはなく、アルコール依存症が進行するうちに演奏する体力も低下していった。

キース・ムーンを救出したロビー・ロバートソン

1973年についに耐えられなくなった妻のキム・ケリガンが娘とともに去ったころから、キースの酒量はさらに増えたという。翌年には別の女性と結婚し、カリフォルニアのマリブに引っ越す。

このときに隣人になったのが、ハリウッド・スターのスティーヴ・マックイーンだった。『パピヨン』や『タワーリング・インフェルノ』でキャリアのピークを迎えようという時期だった。彼の家にキースはバイクで突っ込む。不在の時は息子にマリファナを勧めて大げんかになった。マックイーンは隣人に恵まれない自分の不運を嘆いたに違いない。

マリブで、キースはジョン・レノンやシンガーソングライターのハリー・ニルソンとともに飲み続けた。

当時、ジョンは妻のオノ・ヨーコと離れて愛人のメイ・パンと生活していた。ジョンがパーティーで出会った女性と浮気したのがことの発端だった。ヨーコはジョンと自分のプライベート秘書のメイにジョンと暮らすように命じる。このあたりのヨーコの判断はよく理解できない。

ジョンは今度はメイを口説き、二人はつきあい始める。ジョンは33歳。メイは22歳。11歳離れたカップルはニューヨークからロサンゼルスに居を移す。アルバム『マインド・ゲームス』のプロモーションのために訪れて、そのまま いついたのだ。やがて二人はサンタモニカにビーチハウスを借り、そこにキース、ニルソン、リンゴ・スターも入り浸り、連日酒を飲んだ。ジョンやニルソンとの生活はキースのアルコール依存症をさらに深刻なものにした。

この時期、ザ・フーのピート・タウンゼンドは、ロジャー・ダルトリーとジョン・エントウィッスルにツアーを提案していた。

ピートはキースが死ぬのではないかと危惧。そうならないためには監視が必要と考え、みんなでツアーをすれば一石二鳥と考えたのだ。しかし、ピート自身が耳の聴こえに問題を抱えていて、ツアーを実行できずにいた。

キースは愛情深い性格と言い伝えられている。とくにザ・フーのメンバーへの思いは強く、会えない時期が続くと、大人とは思えないほど寂しがり、メンバーに電話をかけていた。

「俺は偉大なドラマーになりたいなんて思っていない。ザ・フーで叩ければそれでいい」

と、常々話していた。

この時期、マリブでキースを監視していたのは、ローリング・ストーンズのベーシスト、ビル・ワイマンだった。

「ビル・ワイマンも同じ界隈に家を持っていて、勇敢なことにキースに目を光らせてくれた」(『ピート・タウンゼンド自伝』より、以下同)

しかし、キースは監視の目なんてすぐに盗めるということを証明したがっていた。ビルのすきをついて、自宅の3階から飛び降りる。

仰天したビルが窓辺に駆け寄り地上を見下ろすと、あらかじめ用意していたらしいマットの上にキースが仰向けになって上を見ていた。

マリブ時代のキースについては『ロビー・ロバートソン自伝』にも記述がある。

ザ・バンドのメンバーも、同じ時期にウッドストックからマリブに移住していた。ある日、ロビーがベーシストのリック・ダンコの家に寄ると、彼が不安な表情で迎えた。

「なあ、ちょっと手を貸してくれないか。二階の窓からおかしなものが見えたんだ。海岸に行ってみないと」

リックが言い、二人はビーチへ向かう。すると、波打ち際で男が気を失っていた。波が顔を洗っている。放置したら溺死するだろう。

「脚をつかめ」

「砂の上に引き上げよう」

二人で男の脚を一本ずつ持って引きずったそのとき、ロビーはそれが見たことのある男だと気づいた。倒れていたのはキース・ムーンだった。

キースはナチスの制服に身を包み、完全に意識を失っていた。酩酊していたのだろう。顔の半分だけが日焼けしていた。

「あいつ、やっちまったよ」

1978年9月7日、スタジオにいたピート・タウンゼンドのもとに、ロジャー・ダルトリーから電話が入る。

「あいつ、やっちまったよ」（『ピート・タウンゼンド自伝』より、以下同）

キースがこの世を去った。

ポール・マッカートニーに招かれてパーティーに参加した翌日、アルコール依存症の禁断症状を抑えるヘミネブリンを飲んで昼寝して、そのまま息を引き取った。極端な性格のキースはヘミネブリンを32錠も飲んだ。過剰摂取だ。

「今考えてみれば私は、キースが死ぬんじゃないかと長い間心配しながら、そんなことが現実になるなんて信じていなかったのだと思う。私は存在の根底から激しく揺すぶられ、すっかり動転していた」

悔やんでも悔やみきれなかった。

「キースはみんなに迷惑をかけ続けたけれど、いつだって楽しいやつだった。そんな男がいなくなってしまった」

絶対に替わりのきかない存在を失い、キースとの思い出が次々とよみがえる。

「残っていたのは、あいつの魂の気配。あのドラム。『フー・アー・ユー』でヘッドフォンをかぶり、笑いながら火の出るようなプレイをしていたキース」

キースの葬儀は9月13日にロンドンで行われた。ザ・フーのメンバーのほかにエリック・クラプトンやローリング・ストーンズのチャーリー・ワッツやビル・ワイマンなどが参列した。前妻のキム・ケリガンも訪れた。

「バンド・メンバーのうち、キースの葬儀で最も動揺していたのはロジャーだった――私が式の進行役をつとめたのは、それが理由だったと言っていい。古き友を偲びながら目にいっぱい涙をためていたのは、チャーリー・ワッツ。私の瞳は、からからに乾いたままだった」

この時期、ジェネシスのドラマー、フィル・コリンズからピートに連絡があった。

「いつでもお役に立つぜ」

フィルはビジネスマンだ。

不毛ではなかったジョン・レノンの「失われた週末」

先ほど少し触れたように、キースと一緒に飲んでいた時期のジョン・レノンも精神的に不安定だった。

『サムタイム・イン・ニューヨーク・シティ』『マインド・ゲームス』と満足できないアルバムが続き、ロサンゼルスでレコーディングを始めた『ロックン・ロール』の現場ではプロデューサーのフィル・スペクターと連日揉めていた。

フィルはザ・ロネッツのシンガーだった妻、ロニーに去られた時期。荒れていた。やがてフィルは現場に来なくなり、『ロックン・ロール』のレコーディングは中断。ジョンの酒量も増えた。

ジョンを荒れた生活から連れ出したのはポール・マッカートニーだった。

『〈Life〉ポール・マッカートニー』によると、ポールは妻のリンダとともに、ジョンがプロデュースするハリー・ニルソンのアルバム『プシー・キャッツ』のレコーディング・スタジオを訪れる。するとそこは、アルコールとドラッグだらけだった。

飲んだくれたちのセッションが始まった。メンバーは世界最高峰。ジョン、ポール、リンダ、ニルソン、ローリング・ストーンズのサポートメンバーとして長くサックスを吹いていたボビー・キーズ、そして偶然隣のスタジオにいたスティーヴィー・ワンダーも参加した。

その4日後、ポールはリンダや子どもたちとともにジョンのビーチハウスを訪ねた。そこでジョンと二人の時間をつくり、ニューヨークに戻ることを勧めている。

実はその少し前、ロンドンのポールの家にニューヨークからオノ・ヨーコが訪ねている。ポールにジョンへの説得を頼みに来たのだ。離婚したくない――とうったえた。ジョンはポールの勧めにしたがってニューヨークへ戻り、短期の別居を経てヨーコとやり直すことになる。

ジョンとメイ・パンの18か月の暮らしは、ロックファンの間で「失われた週末」として知られている。ジョン自身は、カリフォルニアでの荒れた生活を「失われた掃きだめ」と言った。

とはいえ、この時期のジョンは質の高い仕事をするきっかけをつかんでいる。ニューヨークでヨーコの待つ家に戻る前にメイと暮らしながら『心の壁、愛の橋（Walls and Bridges)』を制作した。このアルバムは全米ナンバーワンのヒットとなる。

エルトン・ジョンとデュエットしたナンバー「真夜中を突っ走れ（Whatever Gets You Thru the Night)」も全米ナンバーワンヒット。「夢の夢（#9 Dream)」ではメイがジョンの名前をささやいている。甘美な愛を歌った「予期せぬ驚き（Surprise,

Surprise〈Sweet Bird of Paradox〉)」はメイへの曲と言われている。

メイはジョンに、疎遠になっていた人間関係を取り戻すことを勧めていた。彼女の仲介でジョンは最初の妻、シンシアとの間に生まれ当時11歳だったジュリアン・レノンと再会した。ジュリアンが生まれたときは、ビートルズの絶頂期。若かったジョンは家庭を顧みず、父子は数えるほどしか顔を合わせていない。ビートルズの「ヘイ・ジュード」は、当時寂しい思いをしていたジュリアンを見かねてポールが書いた曲だった。

ジョンと再会したジュリアンは『心の壁、愛の橋』の「ヤ・ヤ」でマーチング・ドラムを叩いた。そして1984年、ミュージシャンとしてデビューしている。

ジョン・レノンの「失われた週末」は不毛ではなかった。間違いなく音楽の種子を蒔いていた。

キッスの酒浸りコンビ

キッスのオリジナル・メンバーでリード・ギタリストのエース・フレーリーとドラマーのピーター・クリスもアルコールで自滅した。

『ジーン・シモンズ自伝』を読むと、ジーンとポール・スタンレーが、ピーターとエースに手を焼いていた様子がリアルに伝わってくる。

当時のキッスのライヴを観ると、ジーンとポールがクレイジーに見える。ジーンは火を噴き、血を吐く。ポールは空中に舞う。しかし、それはきちんと計算されたエンタテインメントだ。その一方でピーターとエースは寡黙なイメージ。しかしジーンやポールの自伝を信じるならば、ピーターとエースは扱いにくい難物だったようだ。

『ジーン・シモンズ自伝』にはこんな記述がある。

駆け出し時代、バンドにはローディなどいない。楽器も機材も自分たちで運ばなくてはならない。しかし、エースはなにも手伝わずにふらふらしている。終演後機材を積んだトラックが出発しようとヘッドライトを点灯させると、その先にエースの姿があり、立ち小便をしていた。

エースは男性器を見せて言った。

「やわらかいときでも、こんなもんだぞ〜〜！」

ジーンとポールは唖然とした。

ピーターにも似たようなエピソードがある。

『ポール・スタンレー自伝』には、ピーターがキッスに加入する際のやり取りがふり返られている。

ピーター加入の際、電話でポールが意思確認をしている。

「成功するためなら何でもやるか？」

ポールが聞いた。

「ああ」

ピーターはすぐに答えている。

「ドレスだって着るか？」

「もちろん」

そしてジーンを交え、ピッツァの店で会った。すると、5分ほどで突然ピーターは言ったそうだ。

「俺のペニスは9インチ（約23センチ）ある」

よほど自慢だったのだろう。ポールとジーンは返答に窮し、ピッツァを食べた。そして、自分たちとの文化の違いを知ったようだ。ピーターは楽譜が読めないだけでなく、文字の読み書きもほとんどできなかったことがポール・スタンレーの自伝に書かれている。

エースとピーターはいつも酒浸りで、暴力沙汰を起こす。食事をすれば、レストランのスタッフにからむ。酔っぱらって運転し、クルマを破壊する。

「女を追いかけていないときには、エースとピーターがトラブルを起こさないよう監視を怠らなかった」（『ジーン・シモンズ自伝』より、以下同）

レコーディング前に集まってミーティングをしても、エースとピーターは会話の内容など何も聞いていない。それどころか、座っていることもできない。やがて立ち上がって、食べ物をぶつけ合ってふざけ始める。

キッスのセールス面でのピークは1979年。アルバム『地獄からの脱出』のときだった。全米チャート9位まで上がり、シングルカットしたディスコナンバー「ラヴィン・ユー・ベイビー」は『ビルボード』誌ホット100の11位になり、バンドはアルバム・ツアーに出る。

しかしこの時期、エースとピーターはさらにひどい状況だった。

「ツアーは、かなり大がかりなものだった。エースとピーターは、ふたりともじつに情けない状態だった。お互いに噛みつき、あるときは本当に殴りかかった。そうかと思うと泣きながら抱き合ったりしていた」

とくにピーターはアルコールとドラッグでボロボロ。もはやまともに演奏できるコンディションではなかった。

「バンド内では誰もピーターに手を差し延べる者はいなかった。周りには、何かと誘惑も多く、気が散ることも多かったものである。そんな俺たちには、ピーターのおかげで、これでもかというほどのストレスがたまってしまうのだった」

プロデューサーは別のドラマーの起用を勧める。しかし、マネージャーは結成時から一緒にやってきたピーターにもう一度チャンスをもうける提案をした。

見限られたピーター・クリス

キッスのメンバーはピーターの状態をチェックするために、ニューヨークの大手リハーサルスタジオ、スタジオ・インストゥルメント・レンタルズに集まった。そこに、譜面を読めないはずのピーターが譜面と楽譜台を手に現れた。

「諸君、ボクはこれまでの生活を全面的に改めた。この半年間、ドラムはもちろん音楽を学んできたんだ。いまや、楽譜を読むこともできる。これまでのボクとはまったく違うんだ」(『ジーン・シモンズ自伝』より、以下同)

ピーターは胸を張った。

「本当に楽譜の読み書きができるようになったのか?」

ジーンが確認する。

「ああ、本当だとも――」

しかし、ピーターの演奏はそれまで以上にひどかった。後日、ジーン、ポール、エースの3人は集まり、ピーターをクビにすることを決めた。いつもピーターと行動をともにしたエースも、このジャッジに首を縦にふるしかなかった。

アルバム『地獄からの脱出』のジャケットにピーターの写真はあるが、彼はドラムスとヴォーカルも担当した自作の「ダーティー・リヴィン」の一曲しか参加していない。

こうした流れはキッスというバンドの特徴だといえる。

ここまでにアルコールやドラッグ中毒になったアーティストのエピソードをいくつも紹介してきた。彼らの振る舞いは滅茶苦茶で破滅的だったが、どこかで救いの手が差し伸べられている。

しかし、ピーター・クリスは見放されていた。メンバーも監視はするけれど、本気で助けようとはしない。ビジネスライクに処理していく。

その理由にはおそらく、ピーターの性格やドラマーとしての力量も関係していたのだろう。キース・ムーンはバンドやメンバーを深く愛していた。そして本人自身が愛すべき存在だった。そして、世界最高峰のドラマーだった。キースなしではザ・フーのサウンドはつくれなかったはずだ。一方ピーターには人間力もミュージシャンシップも足りなかったのだろう。

ただ、リスナーとしては残念ではある。ピーターが脱退したことによって、彼があのハスキーな声でヴォーカルをとるナンバーは聴けなくなった。たとえばキッスの初期の代表曲の一つともいえる「ハード・ラック・ウーマン」は、ピーターならではの曲だったと思う。

キッスのもう一人の問題児、エース・フレーリーもアルコール依存症だったと、『ポール・スタンレー自伝』に書かれている。

キッスの初期のころのエースは、ライヴが終わるまでは素面《しらふ》だった。しかし、終演後は足腰が立たなくなるまで飲んだ。

それについて、ポールは寛大な対応をしている。

「俺にとって、彼が酒を飲むことが問題かどうかの判断基準は、彼が自分の仕事をちゃんとやるかどうかだったし、彼はちゃんと仕事をしていた。ステージを降りた後、彼が何を欲しいと思うか、それは彼の決めることだ」（『ポール・スタンレー自伝』より、以下同）

しかし、徐々にエースの様子は変わっていった。

ある夜ポールは、モーテルの玄関ホールで四つん這いになっているエースに出くわす。

「いったい何をやってるんだ？」

ポールがたずねると、エースはおかしなことを言い出した。

「俺の小さな仲間達がいるんだよ」

幻影を見ていたらしい。

そして、エースはポールに言った。

「あ！　お前、今、ひとり踏み潰した！」

エースの状態は悪化していった。１９８2年リリースの『暗黒の神話』のレコーディング前に姿を見せなくなった。ソロギタリストとしての活動を強く意識したのだ。アルコールとドラッグへの依存度も高くなる。ポールは引きとめたが、エースの意思は固かった。

このあと、キッスはジーンとポールを固定メンバーとして、メンバーが入れ替わっていく。ピーターとエースが一時的にバンドに戻り、オリジナル・メンバーで活動した時期もあったが、結局また二人はそれぞれの理由から脱退する。

キャリアの中で浮き沈みがあるとはいえ、キッスは長期間にわたって世界的な成功を収めたバンドである。この数年はツアーからの撤退を謳いながら世界を回っている。どこも大会場で、日本では東京ドームでライヴを行った。

2023年には結成50周年を迎えた。十分にレジェンドと言える存在なのだが、本書で取り上げたバンドやミュージシャンとの交流はあまり見られない。

Ⅳ
貧乏

酒瓶、吸い殻、糞尿にまみれたストーンズ初期

どんなバンドでも、ソロアーティストでも、デビューしたその日にブレイクするケースはまれだ。

エリック・クラプトンやザ・フーのピート・タウンゼンドなどのように実家で暮らす学生時代にプロとしての仕事が成立しているか、スティングのように別の職種からの転職組でなければ、程度の差こそあれ経済的に苦しい時期はある。

バイオグラフィに、お金はないけれど時間はたっぷりある〝下積み時代〟を正直に書いているアーティストもいる。成功者の貧乏時代の話はユニークだ。

そのなかでもとくにすさまじいのはローリング・ストーンズの貧困時代だ。デビュー前、ミック・ジャガー、キース・リチャーズ、ブライアン・ジョーンズは、ロンドン市内の南西部、チェルシー地区で同居していた。

塗装がはがれた壁、裸電球、共同トイレ、ネズミが運動会をする床……。後の世界最高峰のロック・バンドのメンバーとは思えない環境だった。

ミックとキースは小学校時代に出会っている。二人はダートフォードという町で暮らしていて、家はほんの数軒しか離れていなかった。しかしその後どちらも引っ越し、カ

レッジ時代に再会するまでの暮らしは大きく異なる。

ミックの父親はフィットネスのビジネスで成功を収め、富裕層が住む郊外のウィルミントンという地域に引っ越した。

一方、キースの家は経済的に余裕はなく、テンプル・ヒルという荒れ地に建つ自治体から提供された公営住宅に引っ越した。キースはいじめにもあい、憂鬱な少年時代を過ごしている。

二人の引っ越し先はそれほど距離はなさそうだが、間には鉄道が走り、線路を隔てて、ミックの側は富裕層が住む地域、キースの側は貧しい層が住む地域だった。

キースの家の近くには工場があり、街は悪臭を漂わせていた。

「緑と黄色のクソが泡立ってひどい臭いがする小川のそばを通る。この世のありとあらゆる化学物質がこの川にそそぎこんで、熱い硫黄の温泉みたいに湯気を立てていた」

(『キース・リチャーズ自伝』より、以下同)

息を殺して、キースは川を通り過ぎた。

「まったく、地獄みたいな光景だったよ」

そう自伝でふり返っている。

ブライアン・ジョーンズの家は貧しくはなかったが、16歳のときに14歳のガールフレンドを妊娠させたことでハイスクールを追放され、トラックのドライバーや眼鏡店の助手やバスの車掌で生計を立てている。その後さまざまなバンドに参加しながら放浪を続けた。ストーンズを結成したときにはすでに3人の子持ちで、3人とも母親は違う女性だった。

ミック、キース、ブライアンはローリング・ストーンズのデビュー前は経済的に苦しい共同生活を送っていた。ただし、ミックだけは好んで貧しい暮らしを送っていたふしがある。ほかの二人に気づかれないようにときどき親元に帰って、まともな食事を与えられていた。

「ただ集まって、食い物をかっぱらって、練習する、そんなことの繰り返しだった。ストーンズで稼ぐどころかストーンズのために金を払ってたんだ。ミックとブライアンと俺が住んでいたフラムのイーディス・グローヴ一〇二番地は、とにかくひどい場所だった。だが俺たちには、そこしかなかった」

冬でも暖房がきかないので、3人は抱き合うようにして眠り、結束を固めていった。食べ物に困っても、ビールとたばこは何とかして手に入れた。空き瓶を盗んで酒屋に持ち込み、わずかなお金と交換したのだ。下の階に住む教育実習生の女子の部屋に盗みにも入る。留守宅に忍びこみ、引き出しにある1シリングか2シリングを失敬した。

空き瓶や吸い殻で床は埋まっていく。トイレに行くのも面倒になり、大も小も部屋でするようになる。すさまじい匂いに満たされていた。

そんな生活をあわれんだ下の階の中年の女性二人がときどき掃除に来てくれる。そのお礼にと、ミック、キース、ブライアンは、交替で彼女たちとセックスをした。

キース・リチャーズの家計簿日記

その部屋に、もう一人同居人が加わった。ジェイムズ・フェルジという男だ。ミックたちは3等分していた家賃負担を4等分にするために、出演するクラブのステージ上から同居人を募集し、フェルジが応募してきた。
「フェルジはたぶん、あのひどい部屋で俺たちと暮らせる地球上でたった一人の人間だった。それどころか、下品さにおいては俺たちの上を行っていた」（『キース・リチャーズ自伝』より、以下同）
3人がギグから戻ると、フェルジはよく階段の上で出迎えた。汚いブリーフを頭にかぶり、全裸だ。

「やあ、お帰り」

そう言って小便をひっかけてきた。フェルジの名前は、初期のストーンズのレコードに「ナンカー・フェルジ」として残されているらしい。

「電気を停められず、スーパーマーケットから食料を少々かっぱらうにはどうしたらいいか。それ以外に世間にはなんの関心もなかった。正直、女はリストの三番目だった。電気。食い物。そのあと、運がよけりゃ、だ」

それでも音楽には没頭した。

「熱に浮かされたように必死に練習し、レコードを聴きこんだ。ベネディクト修道会だって当時の俺たちにはかなわなかっただろう。起きている時間はすべて、ジミー・リードとマディ・ウォーターズ、リトル・ウォルター、ハウリン・ウルフ、ロバート・ジョンソンの研究に費やせ。それが使命だ。それ以外の時間はすべて罪」

1962~63年、ベーシストのビル・ワイマンとドラマーのチャーリー・ワッツが参加して、ストーンズはバンドとしての体をなす。

この時期、キースは柄にもなく日記をつけている。しかも現存し、一部を自伝に載せている。そのさらに一部をピックアップしてみた。
「ベーシスト、ビル・ワイマンはアンプを持っていた！　一括購入だ」（１９６３年１月２日）
「財布をなくす。中身、三十シリング。取り戻さないと」（同年1月４日）
「金の話でプロモーターと激しく口論。ここでは二度と演らないと決意」（同年１月５日）
「三十ポンド十シリング！　イーリング。バンドの演奏はすばらしかった。『ボ・ディドリー』はまさに圧巻。マーキーでも今回のパフォーマンスを再現できたら、高笑いだ」（同年1月８日）
「バンドの金は二週間使えない。アンプとマイクを買うから。イーリング――チャーリー」（同年1月15日）
「〇ポンド。イーリング――チャーリー。二部は散々。八時五十分になっても客が二人しか来なかったから帰ってきた」（同年1月22日）
キースは几帳面で、ギャラの金額をきちんと記録している。ちょっとした家計簿だ。これを読むと、ビルとチャーリーが加わりバンドが安定してきたこともわかる。日記に書かれている「マーキー」や「イーリング」は、当時ストーンズが出演していたロンドンのクラブの名称だ。

この年、パフォーマンスが日に日によくなり、マネージャーのアンドルー・オールダムとの契約もまとまり、ストーンズは極貧生活から解放された。

ジーン・シモンズのゴキブリ部屋

ここまでに何度も登場したキッスのジーン・シモンズはイスラエルで母一人子一人の家庭で育った。母親はハンガリー出身のユダヤ人で、彼女の家族や親戚はほとんどみなナチスによってガス室へ送られている。母親は強制収容所所長夫人付きの美容師だったために死を免れた。その詳細を母はジーンにもいっさい語っていないそうだ。

彼の子ども時代のイスラエルは国そのものが貧しく、牛乳も肉も配給制。家にトイレットペーパーはなく、布で尻を拭き、洗ってまた使っていたという。

シャワーは冷水で、バスタブにはやかんで沸かした湯をためた。両親が離婚したのは、ジーンが小学校に入る前。父親の浮気が原因だった。その後母子は伯父を頼ってニューヨークへ移住し、ロック・スターを目指す。キッス以前、ジーンはウィキッド・レスターというバンドをやっている。そこに加入してきたのがポール・スタンレーだった。

このバンドはなかなか売れなかった。

「ギグは目を覆わんばかりのもので、客も入らなければ金も入らなかった。リッチモンド・カレッジ・アーミーでは、これはダンス・パーティーだったにもかかわらず、ひとりもやってこなかった」（『ジーン・シモンズ自伝』より、以下同）

なけなしのお金で買った機材も盗まれた。

「カナル・ストリートとモット・ストリートの角に屋根裏部屋を借りていた。練習場所兼ねぐらだった。ある日、練習のために足を運ぶと、一瞬、部屋を間違えたかと思った。空っぽだった。根こそぎ持ち去られていた。目をこすって、よく見た。機材はすべて消えていた」

カナルとモットの交差するところはチャイナタウンだ。ニューヨークというと摩天楼が乱立する大都会のイメージだが、チャイナタウンは低層の店舗でぎっしりと埋め尽くされている、中国語で会話が交わされているエリアだ。

「ストリート・ミュージシャンのように、歩道で練習するしかなかった」

バンドがキッスになっても、ジーンは生活のためにいろいろな〝副業〟に勤しんでいた。

まず、タイピストや事務職をニューヨーク全域に派遣するエージェントに勤めた。意外にも彼はハイスクールでタイピングを習っていた。大きな体でタイプを打つ姿とのちのステージでの威容とにはギャップがある。

派遣された先は主に出版社だった。『グラマー』誌や『ヴォーグ』誌で働いていた。同時に働いたのはデリカテッセン。レジにジーンがいたら、釣銭を間違えられても、文句をいえないのではないだろうか。

チャイナタウンの次に借りた練習場は東23丁目のロフト。

「あれやこれやと仕事があったため、ロフトの練習所には午後10時を過ぎてからでないと顔が出せなかった。それでも必ず出向き、午前2時まで練習に励んだ。息をつく間もない毎日だった。あまりに忙しいので、俺は寝床とテレビをロフトに持ち込み、そこで寝泊まりできるようにした」

ロフトの家賃はジーンが負担し、メンバーにお金を貸してもいた。そしてもちろん、女性を連れ込んでいる。しかしここに足を踏み入れた女は数少なく、度胸のすわったタイプだったそうだ。「窓はまったくない。防音のために、卵の空きケースを積みあげていた。なかにはつぶれた卵が入ったままのものもあり、ゴキブリにとっては絶好の住処だった。カサカサ、カサカサ、と運動会の始まる音が聞こえたものである」

明かりを消しての行為中にゴキブリが女性の身体の上を歩くこともあった。

「女は跳ねあがり、走っていって壁に激突した。真っ暗闇の中で、もんどりうって倒れた」

その女性とはそれきりだった。

そんな生活がキッスのデビューまで続いた。

35ドルを手にニューヨークへ向かったマドンナ

キッスが世界的成功を収めるようになった1970年代後半、ニューヨークで極貧生活を送っていたビッグ・スターがいる。しかも、女性。マドンナだ。ストーンズの3人も、ジーンも、不潔極まりないとはいえ、住むところはあった。しかし、マドンナは最初住まいもなかった。そのタフさは驚嘆と尊敬に値する。

マドンナについては、クリストファー・アンダーセンの『マドンナの真実』（小沢瑞穂訳／福武書店刊）に詳しい。

アンダーセンは、この本でも引用してきた『ミック・ジャガー　ワイルド・ライフ』の著者でもある。『タイム』誌や『ピープル』誌の編集者を経てフリーランスとなり、

『ニューヨーク・タイムズ』などで記事を書いてきた腕利きのジャーナリストで作家だ。どちらの本も妥協を感じさせない。主人公のネガティヴな事実でも腰が引けることなく書いている。『マドンナの真実』も実によく取材されていて、野心家が野心家について書いている文章だ。

のちに〝クイーン・オブ・ポップ〟と称されることになるマドンナは1958年にアメリカ、ミシガン州ベイシティで生まれた。デトロイトの北西で五大湖の一つ、ヒューロン湖沿岸の街だ。

彼女は6人兄妹の3番目。5歳のころ、母親が乳がんで他界する。やがて父親は再婚し、それをきっかけに親との間に溝が生まれた。

そして1978年7月、19歳のとき。彼女はミシガン大学音楽科を中退して、ダンサーを目指し単身ニューヨークへ向かう。ニューヨークは初めて。飛行機に乗るのも初めて。バッグの中のキャッシュはわずかに37ドルだった。

クイーンズにある主に国内線のための空港、ラガーディアに着いたマドンナはタクシーでマンハッタンへ向かった。しかし、土地勘はない。

「いろんなことの中心地に連れてってほしい」

ドライバーに伝えた。

「そこがタイムズ・スクエアだったわけ。私はただただ感激してしまったわ。だってビルがあまりにも高いんですもの」

『MORE』１９８５年12月号（集英社刊）でマドンナは話している（アメリカ『タイム』誌から転載の記事、以下同）。

タクシー代は15ドル。マンハッタンに着いたときには22ドルしか残っていなかった。スーツケースと、7月なのに冬のコートを抱えて歩いていた。

42丁目からレキシントン・アヴェニュを曲がったとき、マドンナは尾行している男に気づく。ふつうならば逃げるか、隠れるか、追い払うか、そんなところだろう。

しかし、マドンナは違った。

「ハーイ」

彼女はふり向いて男に声をかけた。

男が近づいてきて、会話が始まった。

「冬のコートとスーツケースなんか抱えて何し

『マドンナの真実』

てるんだい？」

「今、飛行機を降りたところなの」

「そんなもの、家に戻っておいてきたらいいのに」

「どこにも住んでないのよ」

「じゃあ、ぼくのアパートに住めばいいじゃない」

そのまま男の家で2週間暮らした。初めて訪れた大都会のニューヨークで、大変な度胸だ。幸運にもその男は紳士で、毎日食事をつくってくれた。その間にマドンナは賃貸アパートを見てまわる。手持ちのお金が22ドルしかない状況でどうやって部屋を探したのかはわからない。

そして見つけた部屋は、ニューヨークのダウンタウン、東4丁目のアヴェニュAとBの間に建つ落書きだらけのアパートだった。今も治安のよくないエリアだ。部屋にはゴキブリが多く生息。廊下には薬物中毒者が多くいる環境だった。

治安も衛生環境も最悪の場所で暮らしながら、彼女はアッパーイーストのダンキンドーナツでアルバイトを始めた。

翌年の1979年、娘を案じた父親がニューヨークのアパートを訪れ、その暮らしぶりに仰天した。
「やってきた父は胸を突かれたみたい。ゴキブリは歩いてるわ、廊下にアル中がたむろしてるわで、建物にはすえたビールみたいな匂いがたちこめてるんだもの」(『マドンナの真実』より)
ダンサーになるのをあきらめてミシガンに戻り大学を卒業するように、父親は娘に懇願する。しかし、彼女の意思は固かった。
「貧乏だったから、次から次へと引越していたわ。ポップコーンで生活していたの。だから今でも、ポップコーンが大好き。ポップコーンって、安くてお腹一杯になるでしょう」(『MORE』1985年12月号より)
やがて彼女は、実入りのいいアルバイトを見つける。アート・スクールのヌードモデルだ。

ゴミ箱からポテトを拾い食いつなぐ

「ヌードだと時給10ドル以上くれたの。ウェイトレスの時給なんて、1ドル50セントにしかならなかったわ。時給10ドルなんて、当時のあたしには大金よ」

『週刊プレイボーイ』1985年10月8日号（集英社刊）のインタビューで話している。ダンキンドーナツのアルバイトでは、どんなに頑張っても一日に50ドルにしかならなかった。

ヌードモデルの体験は後にメディアを賑わせたが、彼女はそれを隠そうともしなかった。

「今さらいいじゃない、ほっといてよっていうのが本心ね。だって、生きるためにおカネをかせぐのは、あたりまえのことじゃない？（略）ヌードになってもそれはちっとも恥ずかしいことだと思わなかった。あたしにしてみればね、そんなことで騒いでるほうが恥ずかしいわ」

やがてマドンナは、ダンサーからミュージシャンへと舵を切る。ダンスよりも音楽に自分の可能性を感じた。そして、ドラマーのスティーヴ・ブレイと8番街で暮らし始める。

1980年代は8番街から11番街も治安が悪く、要注意エリアとされていた。当時はポルノショップが数多く並んでいた。

「私は、8番街にあるミュージック・ビルディングで、スティーヴ・ブレイと一緒に住んでいたの。今では、仕事だけの友達だけど。当時は、2人とも、まだ売れなくて、とても貧乏だったの」（『ペントハウス日本版』1985年8月号／講談社刊、以下同）

わずかな収入は楽器の購入や運搬に使っていた。

「スティーヴと私は、2人で1日1ドルの生活費で暮してたの。で、あとは月末払いにして、コリヤンのデリで、惣菜を買ったり。毎日、2人の1ドルは、ピーナッツとヨーグルトに消えるの」

その1ドルすらも手に入らない日もあった。

「おなかがすいてしょうがなかった。信じられないかも知れないけど、そんな日には、スティーヴと2人で通りのゴミ箱や、私たちの住んでたミュージック・ビルディングのゴミ箱をあさったワ」

語尾がカタカナなのが、1980年代の雑誌らしい。

マドンナとスティーヴは鼻が利くようになった。

「ゴミ箱から何かいい匂いがするときはかならずそこには、バーガー・キングの袋があったの。誰かが、食べ残しを入れたまま、ついさっき捨てたような袋がネ」

温かい紙袋を見つけるとすぐに拾い上げた。

「もし2人ともラッキーだったら、必ず、そこにフレンチ・フライの残りやハンバーガーのかじりかけがあるの。私はフレンチ・フライを食べたワ。バーガーは決して食べなかった。私はベジタリアンだから！」

レコード会社から最初にもらった5000ドルでローランドのシンセサイザーを買った。次にファーストアルバムの著作権料が一曲1000ドル入り、イースト・ヴィレッジに引っ越した。次の入金でソーホーに引っ越した。

「生まれて初めて、〝ナンて、ムダ使いをしたのかしら！〟と、自己嫌悪を感じたのは、カラーTVを買ったとき。それまでNYに来て7年間、TVは持ってなかった。子供のときだって、うちにはカラーTVなかったワ」

そして活躍のステージが上がるごとに付き合う相手のクラスも上げていく。同時に複数と付き合うこともふつう。男を踏み台にして自分のステージを上げていったとも報道された。しかし、マドンナは一笑に付す。

「私はね、相手が何かしてくれるのを期待して男の人と寝たことは、ただの一度もないの。（略）男の人やボーイフレンドから教えられたことも多いけど、私だって同じぐらい与えるものがあったわ。他人を利用した、なんて意識はまったくないわね」（『コスモ

ポリタン日本版』1987年8月号／集英社刊、以下同)

嫉妬に苦しむ男たちもいたが、意に介さない。

「前へ進まなくちゃ、成功なんてあり得ないでしょ。かといって、まわり中の人間を連れて歩くわけにはいかないじゃない」

意思は明確だ。

「何もかも怖かったわよ。不安にかられて突っ走ってきたようなものよ。いつも自分に言い聞かせてたわ。これは難しい、恐ろしい、でもなんとかしようって」

犬を連れて物乞いしたシンディ・ローパー

「十七歳で家を出た。歯ブラシと下着の替えとリンゴひとつ、それとヨーコ・オノの本『グレープフルーツ』を入れた紙袋を持って」

これは『トゥルー・カラーズ シンディ・ローパー自伝』(シンディ・ローパー、ジャンシー・ダン著／沼崎敦子訳／白夜書房刊)の冒頭の記述だ。

自伝は、ニューヨークのクイーンズの家から出るシーンから始まる。行先は姉が暮らすロングアイランド。1970年のことだった。

シンディが生まれたのは１９５３年。ブルックリンで暮らしていた両親はシンディが５歳のときに離婚。一緒に暮らす母親の再婚相手はＤＶ。暴力を振るう小児性愛者。一緒に暮らすことなどできなかった。

シンディの下積みは長い。メジャーデビューは１９８３年。30歳のときだった。ミュージシャンを目指し10年以上、貧乏な暮らしをしていたことになる。

最初に参加したバンドではメンバーにレイプされている。望まない中絶もしている。最初のマネージャーにギャラの持ち逃げをされている。次の卑劣なマネージャーにデビューも妨害されている。そんなことが自伝には綴られている。それでも心は折れなかった。文章に悲壮感はない。逞しい。

17歳で姉、エレンのアパートに転がり込み、最初に就いた仕事は出版社の秘書兼受付係だった。しかし、数か月で解雇される。

シンディはセクシーな衣装で出勤し、オフィスの正面玄関でビールを飲みながら受付業務を行っていた。

「えーと、そのビールをなんとかする必要があるね」（『シンディ・ローパー自伝』より、以下同）

オフィスでは当然注意された。

郵便物を確認していると、退屈で居眠りをしてしまう。電話応対もできなかった。

「電話をかけて来た人が何をほしがっているのか全然わからなかった。彼らの多くが電話越しに叫んでたわ。切っちゃう人もいた」

その時期に導入された電動タイプライターも扱えなかった。

「私が一分間に十九字しか打てないとわかると、ついに上司が私を彼女のオフィスに呼んだ。彼女は美しい黒人女性で、賢くて、スタイリッシュで、そんなに長い間私を我慢するくらい優しかった。彼女は私のことはとても好きだけど、今までに出会った中で最悪の秘書だと言った」

シンディは本人が言うところの物乞いもする。愛犬を連れてダウンタウンのヴィレッジへ出かけた。

「小銭を分けてもらえませんか？」

行き交う人に次々と声をかけた。

「犬を売れ」

『トゥルー・カラーズ シンディ・ローパー自伝』

そう怒鳴られることもあった。ごもっともだ。

しかし、シンディはこの程度のことではめげない。10代ですでにタフな神経が育っていた。極寒のニューヨークの冬を越すための服がなく、クリスマスのイルミネーションが輝く百貨店で万引きもしている。盗み方はアルバイトをしていた靴店の同僚から教えられた。

「最初に盗んだのはコートだった。クリスマスの頃で、すごく寒かった。それからホワのためにドレス、エレンのためにスカートを盗んだ。私はどうにでもなれって思っていたけど、そんなことをするのはイヤな気分だった」

それ以後、彼女は二度と万引きはしなかった。ホワは姉のエレンの同居人だ。

リスを食べたシンディ

シンディは18歳のときにヒッチハイクでバーモント州バーリントンへ向かう。そこでトミーというボーイフレンドと暮らした。

トミーは働かず、シンディは失業し、食べるものがなくなった。するとトミーが猟銃を手に出かけてリスを仕留めてきた。獲物が鹿でもイノシシでもなく、リスというところが悲しい。よくもそんな小さくて動きの速い動物を捕らえたものだ。食べられる部位はほんのわずかだった。

シンディは魚をさばく要領でリスを処理し、わずかな肉を煮込んだ。そして、トミーが連れてきたタクシー・ドライバーにふるまう。このカップルは自分たちが食べるものがないにもかかわらず、妙に気前がいい。

「ほんとうにおいしいね。これはどういった肉なの？」

ドライバーに聞かれて、シンディは鶏だと答える。

相手は信用しない。しかたがなく、彼女は処理したリスの頭と生皮を見せた。ドライバーは顔色を変えた。

シンディは高卒資格認定試験を通り、奨学金を得て、ジョンソン州立大学で美術を学ぶ。生活費はないので、クラスの一つでヌードモデルの仕事もした。

しかし、ギリシャ史の単位を落とし、英語の成績も芳しくなく落第する。シンディは中退し、奨学金分は借金になった。ニューヨークに戻った彼女はトップレスダンサーで生活をつないでいく。

ニューヨークでも、バーリントンでも、シンディは次々と仕事を替え、交際相手を替えていく。

マドンナは自分のステージが上がると、付き合う相手もハイクラスになる。ステージを上げていくマドンナに男たちは置いていかれる。対等に付き合うには、相応のエネルギーがなくてはならない。

シンディは逆に、働かない男とか、二股男とか、精神的な病気を持っている男とか、風呂に入らない男とか、一昔前の言葉で言えば〝ダメンズ〟ばかりと付き合ってしまう。

「私は金持ちをほんとに好きになったためしがない」と、シンディは打ち明けている。

この時期に自己破産申請もした。

シンディの歌唱に才能を感じた母親は資産家を探して養女にしてもらう提案をする。しかし、シンディは拒否。

自伝からは、シンディのキュートな人柄が伝わってくる。聞き書きする執筆者に語るとき、著者であるシンディはおそらく楽し気に語ったのだろう。そして、執筆者はシンディに対して愛情を持って書いている。だから、この自伝の読者の多くはシンディを愛する。

ニューヨークでのアマチュアバンド時代に交際したギタリスト、リッチーのクルマの助手席の床には2インチの穴が開いていた。ハイウェイを飛ばすと、穴から容赦なく風が吹きあがる。シンディは落ちることを恐れ、ずっと脚を上げていた。

その後に一緒に暮らしたデイヴ・ウルフとの生活も苦しく、絶食もしていた。この男性によって、シンディはレコード会社と契約を結び、メジャーデビューする。

シンディのファーストシングル「ハイ・スクールはダンステリア（Girls Just Want to Have Fun）」は各国チャートで1位になった。セカンドシングルの「タイム・アフター・タイム」は『ビルボード』誌でも1位。スタンダードナンバーとして世界中のアーティストがカバーしている。

デビュー即ヒットしたので、シンデレラ的な見方をする報道もあった。しかし、シンディはこのときすでに30歳。キャリアは十分だった。デビューまでの期間が長く〝タメ〟があるアーティストならではのすごみがあった。

おわりに

この本は各アーティストの音楽を聴きながら書いた。

ジョン・レノンについて書くときはビートルズ、あるいはジョンのソロアルバムを聴いた。ミック・ジャガーやキース・リチャーズについて書くときは、ローリング・ストーンズのアルバムを聴いた。

マドンナやホイットニー・ヒューストンの歌も久しぶりに聴いた。バックグラウンドを知った上で聴くと、彼女たちの声から、かつては気づかなかった力強さや哀愁を感じる。

本を書いて、いくつか気づいたことがある。

その一つは、バンドのフロントマンや中心人物はほかのメンバーよりもタフだということ。

ストーンズやザ・フーの結成時のメンバーは一人ずつバンドを去ったり、この世を去ったりしている。しかし、フロントでパフォーマンスする二人はぴんぴんしている。

ミック・ジャガーは2022年もツアーに出て、スタジアムに設置したステージの端から端まで走っている。あれほどドラッグをやったキース・リチャーズも、ギターを目一杯弾いているようには見えないけれど、死にそうではない。

ザ・フーもフロントの二人、ロジャー・ダルトリーとピート・タウンゼンドは2022年もツアーをまわっている。

ブライアン・ウィルソンもドラッグ漬けだったはずなのに、弟のカールやデニスよりはるかに長く生きて音楽をつくっている。ザ・バンドのメンバーも次々と他界したが、ロビー・ロバートソンは健在だ。

責任感があるのか。もともとタフだからバンドを牽引しているのか。いずれにしても身体と心の出来が並の人間とは違うのだろう。

もう一つ感じたのは、ユーモアだ。

ザ・バンドやホイットニーは悲しい末路だったが、ストーンズも、スティーヴン・タイラーも、身体がボロボロの時期ですらどこか楽しげだ。エリック・クラプトンは、セックスも、ドラッグも、アルコールもとことんやってヘロヘロになっているけれど、悲壮な感じではない。キース・エマーソンなどは銃で自殺しているのに、それまでのトホホのエピソードは笑えてしまう。マドンナやシンディ・ローパーの貧乏暮らしは壮絶だけど、彼女たちはいつだってキュートだ。

長い年月タフに活動するには、エネルギーだけでなく、ユーモアが必要なのかもしれない。

ここで、本文でエピソードを紹介してきたロック・スターたちそれぞれのその後を簡単に記しておきたい。

・ビートルズ

1970年に解散した後、1980年12月8日にジョン・レノンはニューヨークの自宅、ダコタ・ハウス前で銃撃されて死去した。享年40。2001年11月29日に、ジョージ・ハリスンは肺がんが脳にも転移してロサンゼルスの自宅で死去。享年58。

ポール・マッカートニーとリンゴ・スターはタフに活動を続けている。ポールは、たびたび日本ツアーを行っている。2023年、ポールがローリング・ストーンズの新作に参加していることが報道された。

・ローリング・ストーンズ

ブライアンの死亡前に替わって加入したギタリスト、ミック・テイラーは1974年に脱退。ベーシストのビル・ワイマンは1992年に脱退。2021年8月24日、ドラマーのチャーリー・ワッツがロンドン市内の病院で死去。享年80。その後も、ミック・ジャガー、キース・リチャーズ、ロン・ウッドは活動を続け、2022年はアメリカ、ヨーロッパでツアーを行っている。レコーディングも行われ、2023年には新作のリリースが計画されている。

・ザ・フー

キース・ムーンの死後、バンドはケニー・ジョーンズを加えて継続するが、1982年に一度解散。1996年に活動を再開。2002年6月27日、ツアー中のラスベガスのホテルでジョン・エントウィッスルが死去。死因はコカイン摂取による心臓発作だった。享年57。部屋にはコールガールもいた。バンドは直後のレコーディングに元EL&Pのグレッグ・レイクを起用して継続。２００４年、２００８年にはサポートメンバーとともに来日公演を行った。２０２３年もヨーロッパツアーを行っている。

・エリック・クラプトン

依存症の淵から必ず復活してきた彼は今も健在。親日家で、コロナ禍前年の２０１９年までコンスタントに来日公演を行っている。２０２３年にも来日公演を行った。４月21日の公演は海外アーティストでは初めての、日本武道館１００回公演となった。５月にはロンドンで故ジェフ・ベックの追悼コンサート「ア・トリビュート・トゥ・ジェフ・ベック」を主催。

・ビーチ・ボーイズ

メンバーを入れ替えながら活動を継続。１９８３年12月28日、デニス・ウィルソンは泥酔したままヨットから飛び降りて溺死。享年39。１９９８年2月6日、カール・ウィルソンは肺がんで死去。享年51。オリジナル・メンバーで在籍しているのはマイク・ラヴだけになった。ブライアン・ウィルソンは50周年の2012年には復帰。千葉マリンスタジアムで行ったビーチ・ボーイズの日本公演には参加した。ブライアンはソロでも日本に来ている。

・ザ・バンド

1976年に活動を終了。1983年に再結成ツアーを行ったが、ロビー・ロバートソンは不参加。1986年3月4日、リチャード・マニュエルがフロリダ州のウインターパークのモーテルで首を吊って死去した。享年42。1999年12月10日、リック・ダンコがニューヨーク州マーブルタウンの自宅で就寝したまま死去。享年56。2012年4月19日、リヴォン・ヘルムがニューヨーク州のメモリアル・スローン・ケタリングがんセンターで死去。享年71。ザ・バンドの聖地といってもいいウッドストックに戻っていたガース・ハドソンは、2022年に妻を失い、介護施設で暮らしていると伝えられていた。しかし2023年4月16日、ニューヨークの「フラワー・ヒル・ハウス・コンサートNo.6」のステージにサプライズで登場。車椅子に座ったまま、ピアノで、デューク・エリントンの「ソフィスティケイテッド・レディ」を演奏したことが報道された。

・レッド・ツェッペリン

1980年9月25日、ジョン・ボーナムが死去。享年32。ジミー・ペイジの自宅で行われたパーティーで泥酔し、就寝中に吐瀉物を喉につまらせての窒息死だった。この年、バンドは解散。その後も何度かパフォーマンスは行ったものの、全面的な再結成には至っていない。自伝では語っていないが、ジミーには数々の奇行が伝えられている。ホテルにバイクを持ち込んだとか、泥酔してバンドで自分だけセットリストにない曲を演奏したとか、黒魔術をやっているとか。

筆者は2012年にプロモーションで日本を訪れたジミー・ペイジに会った。年齢を重ねたジミーは常に微笑を絶やさない紳士だった。黒いスーツに白シャツ。シルバーの髪をきれいにオールバックに整えていた。会話のはしばしに偉大なロックバンドを率いたロックギタリストとしてのプライドを見せた。

ツェッペリンは世界一ラウドなバンドではなかったが、世界一素晴らしいバンドだった、というコメントが印象に残っている。

ジミーのほうから、写真を撮ろう、と言って肩を抱いてくれた。

・エマーソン・レイク&パーマー
1980年に解散。その後もときどき短期の再結成を行っていた。2016年3月11日、キース・エマーソンは自らの頭を銃で撃ち死去した。享年71。同年12月7日グレッグ・レイクも死去。がんで闘病生活を送っていた。享年69。

2010年、生前のキースに電話インタビューしたことがある。音楽について真摯に語ってくれた。EL&P時代はセックスばかりして、その後に自分の頭を銃で撃ち抜いた同じ人物とは思えなかった。

・エアロスミス
1980年代前半まで脱退、交替を行いながら継続していたエアロスミスだが、1984年にデビュー時のメンバーが集結。活動を継続している。来日公演も頻繁に行っている。2023年9月からフィラデルフィアを皮切りにフェアウェル・ツアーをスタート。

・キッス

ジーン・シモンズとポール・スタンレーを軸に、メンバーチェンジを行いながらバンドは継続。コロナ禍のなかで、世界規模のツアーからの引退を表明。2022年11月に東京ドームで追加公演を行った。

2017年、ソロの限定ボックスセットをリリースしたジーンにインタビューした。下ネタとお金儲けの話ばかりだった。ビジネスのプランをいくつも持っていた。ジーンもまたミュージシャンというよりも、経営者のイメージだ。ボックスセットには彼の商魂のたくましさがつまっていた。まず、キッスの新旧のメンバーは全員参加。自伝では酷評しているエース・フレーリーやピーター・クリスも演奏している。キッスのファンがほしくなる内容だ。そして、なんと、ボブ・ディランとのセッションも収録されている。しかも、楽曲を共作した。ジーンとディラン、意外な組み合わせだ。ジーンはそれまでにまったく面識のなかったディランにいきなり連絡をして、共作と共演をオファーしたという。しかも、彼によると、YESかNOかはっきり答えてくれと迫ったらしい。2日後にはジーンの自宅にディランが現れ、二人で曲作りを行ったと話していた。強引だ。ジーンいわく、かわいい子がいたらすぐに、君がほしいという。共作・共演のリクエストも恋愛と同じだそうだ。このボックスセットの魅力はもちろん、価格や入手方法等々を能弁に語ってくれた。

・シンディ・ローパー

現在も活動中。２０１１年には東日本大震災直後に来日。多くの外国人アーティストが来日を中止する中、チャリティ・イベントとしてジャパン・ツアーを行った。震災で成田国際空港が閉鎖されていたため、シンディが搭乗した飛行機は米軍横田基地に着陸した。２０１５年には30周年記念ツアーで来日。

・マドンナ

現在も活動中。２０２２年にはコンピレーション・アルバム『ファイナリー・イナフ・ラヴ』を手掛ける。コンスタントにアルバムを発表し、大規模なツアーを行っている。

英語圏のアーティストたちは、一つのコミュニティで生きている。それは〝音楽の国〟とでもいってていいかもしれない。

　そのなかで、ミュージシャン同士でチャートを競い合い、共演し、リスペクトし、軽蔑し、嫉妬し合って共存している。そして、ときには女性を奪い合い、ドラッグやアルコールでダメージを受けた同業者に手を差し伸べてキャリアを重ねていく。

　ミュージシャンが抱えている苦悩は、ミュージシャンでなければ理解できないことが多い。わかり合えるから、ある時期仲たがいしても、恋人や妻を奪われても、時を経ると何事もなかったかのように共演するのかもしれない。特別な才能や技術を持つ人たちならではの感覚には嫉妬と羨望を覚える。

「はじめに」でも書いたが、本書に書いたエピソードに興味を持ったならば、出典となっている自伝や伝記をぜひ読んでいただきたい。本書で紹介している本は、どれもかなりおもしろい。本書では彼らの「政治的に正しくない」振る舞い、不道徳な行状に注目したわけだが、もちろん音楽そのものに関する真面目な話が多く書かれている。

　そして、アーティストたちの音楽を聴いていただきたい。人物や作品の魅力をより深く味わうことができるはずだ。音楽は生きもの。つくり、歌い、演奏するアーティストの人間性が音になっている。

本書は、発案から出版まで、新潮社の後藤裕二さんにご尽力いただいた。この場を借りて感謝を申し上げたい。

2023年7月

神舘和典

●参考文献・映像

『AERAdot.』2017年10月15日配信（朝日新聞出版）
『アコーディング・トゥ・ザ・ローリング・ストーンズ』ドラ・ローウェンスタイン、フィリップ・ドッド編／中江昌彦／佐藤めぐみ訳（ぴあ）2004年
『エアロスミス 不死鳥伝説』マーティン・ハックスリィ著／山本安見訳（リットーミュージック）1996年
『エリック・クラプトン自伝』エリック・クラプトン著／中江昌彦訳（イースト・プレス）2008年
『KAWADE 夢ムック 文藝別冊［総特集］ジョージ・ハリスン』フロム・ビー編集、制作（河出書房新社）2001年
『キース・エマーソン自伝』キース・エマーソン著／川本聡胤訳（三修社）2013年
『キース・リチャーズ自伝 ライフ』キース・リチャーズ著／棚橋志行訳（楓書店）2011年
『奇跡 ジミー・ペイジ自伝』ブラッド・トリンスキー著／山下えりか訳（ロッキング・オン）2013年
『ギター・マガジン』1986年8月号増刊『ベース・マガジン VOL.4』（リットーミュージック）
『KISS AND MAKE-UP ジーン・シモンズ自伝』ジーン・シモンズ著／大谷淳訳（シンコー・ミュージック）2002年
『キャロル・キング自伝 ナチュラル・ウーマン』キャロル・キング著／松田ようこ訳（河出書房新社）

2013年
『ゲーテ』2010年11月号（幻冬舎）
『コスモポリタン日本版』1987年8月号（集英社）
『才能のあるヤツはなぜ27歳で死んでしまうのか？』ジーン・シモンズ著／森田義信訳（星海社）2021年
『ザ・バンド かつて僕らは兄弟だった』※ドキュメンタリー映画
『ザ・ビートルズ大全』広田寛治編（河出書房新社）2014年
『ザ・フー・ファイル』保科好宏、前澤陽一、小松崎健郎監修（シンコー・ミュージック）2002年
『ジミ・ヘンドリクスかく語りき 1966-1970インタヴュー集』スティーブン・ロビー編著／安達眞弓訳（スペースシャワーブックス）2013年
『週刊プレイボーイ』1985年10月8日号（集英社）
『ジョン・レノン ALL THAT JOHN LENNON 1940〜1980』北山修ほか著（中央公論社）1981年
『スティーヴン・タイラー自伝』スティーヴン・タイラー著／デイヴィッド・ダルトン構成／田中武人、岩木貴子、ラリー・フラムソン訳（ヤマハミュージックメディア）2012年
『スティング』スティング著／東本貢司訳（PHP研究所）2005年
『ストーンズ・ジェネレーション』鳥居賀句監修・編／山中浩編集協力（JICC出版局）1986年
『地球音楽ライブラリー エリック・クラプトン』（TOKYO FM出版）2001年

『トゥルー・カラーズ シンディ・ローパー自伝』シンディ・ローパー、ジャンシー・ダン著／沼崎敦子訳（白夜書房）2013年
『ピート・タウンゼンド自伝 フー・アイ・アム』ピート・タウンゼンド著／森田義信訳（河出書房新社）2013年
『ビートルズ』マーク・ハーツガード著／湯川れい子訳（角川春樹事務所）2019年
『ビートルズ オーラル・ヒストリー～関係者の証言で綴る立体ビートルズ史～』デヴィッド・プリチャード、アラン・ライソート著／加藤律子訳（バーン・コーポレーション）1995年
『ビートルズ革命』ジョン・レノン著／片岡義男訳（草思社）1972年
『ペントハウス日本版』1985年8月号（講談社）
『ホイットニー～オールウェイズ・ラヴ・ユー～』※ドキュメンタリー映画
『ホイットニー・ヒューストン～スポットライトの光と闇～』※ドキュメンタリー映画
『ボブ・ディラン自伝』ボブ・ディラン著／菅野ヘッケル訳（ソフトバンク パブリッシング）2005年
『ポール・スタンレー自伝 モンスター～仮面の告白～』ポール・スタンレー、ティム・モーア著／迫田はつみ訳、増田勇一監修（シンコーミュージック・エンタテイメント）2014年
『ポール・マッカートニー 告白』ポール・デュ・ノイヤー著、奥田祐士訳（DU BOOKS）2016年
『ブライアン・ウィルソン自伝』ブライアン・ウィルソン、ベン・グリーンマン著／松永良平訳（DU

BOOKS）２０１９年
『マドンナの真実』クリストファー・アンダーセン著／小沢瑞穂訳（福武書店）１９９２年
『ミック・ジャガー ワイルド・ライフ』クリストファー・アンダーセン著／岩木貴子、小川公貴訳（ヤマハミュージックメディア）２０１３年
『ムーンウォーク マイケル・ジャクソン自伝』マイケル・ジャクソン著／田中康夫訳（河出書房新社）２０１９年
『MORE』１９８５年12月号（集英社）
『〈Life〉ポール・マッカートニー 破壊と創造の１９７０年代』トム・ドイル著／宝木多万紀訳（TOブックス）２０１４年
『ロビー・ロバートソン自伝 ザ・バンドの青春』ロビー・ロバートソン著／奥田祐士訳（DU BOOKS）２０１８年
『ローリング・ウィズ・ザ・ストーンズ』ビル・ワイマン、リチャード・ヘイヴァーズ著／立神和依、河原真紗子、前むつみ、新堀真理子、原令美訳（小学館プロダクション）２００３年
『ローリング・ストーンズ 悪魔を憐れむ歌』トニー・サンチェス著／中江昌彦著（全音楽譜出版社）１９９８年
『ローリング・ストーンズ そこが知りたい』越谷政義著（音楽之友社）１９９５年

神舘和典　1962(昭和37)年東京都生まれ。著述家。音楽をはじめ多くの分野で執筆。『音楽ライターが、書けなかった話』、『新書で入門 ジャズの鉄板50枚＋α』など著書多数。

Ⓢ新潮新書

1004

不道徳《ふどうとく》ロック講座《こうざ》

著　者　神舘和典《こうだてかずのり》

2023年7月20日　発行

発行者　佐　藤　隆　信

発行所　株式会社 新潮社

〒162-8711　東京都新宿区矢来町71番地
編集部(03)3266-5430　読者係(03)3266-5111
https://www.shinchosha.co.jp
装幀　新潮社装幀室

印刷所　株式会社光邦
製本所　加藤製本株式会社

ISBN978-4-10-611004-7 C0273

価格はカバーに表示してあります。